KB122032

액체 세대의 삶

생명처럼 강하고, 사랑처럼 유동적인

액체 세대의 삶

토마스 레온치니 지음
김지우 옮김

이유출판

일러두기

1. 본문의 각주는 모두 옮긴이의 것이다.
2. 본문에 인용된 저서 중 한국어판이 있는 경우에는 한국어 제목만,
   그렇지 않은 경우에는 원문에 기재된 도서명을 병기했다.

당신이 비록 허공에 성을 지었다 해도
헛된 일을 한 것은 아닙니다.
성이 있어야 할 곳은 바로 그 자리니까요.
이제 성 아래에 토대만 쌓으면 됩니다.

헨리 데이비드 소로

목차

나의 젊은이들에게

THE DALAI LAMA

토마스 레온치니의 제안으로 전 세계 젊은이들에게 인사를 드리게 되어 기쁩니다.

여러분은 우리 세계의 미래를 형성하는 데 핵심적인 역할을 하도록 부름을 받았습니다. 오늘날 우리 사회는 점점 더 발전하면서 상호 연결성이 강화되고 있습니다. 이러한 사회에서 연민과 비폭력(카루나와 아힘사)이라는 고대 인도의 이상은 변함없이 유지되어 사회의 초석이 되어야 할 것입니다. 행복한 공존을 위해, 우리는 꼭 이러한 덕목을 갖추어야 합니다. 종교를 떠나 이러한 원칙들을 지키는 것은 순리일 뿐만 아니라, 즉각적이고 실질적인 혜택을 가져다줍니다. 연민과 비폭력은 종교와 상관없이 우리 사회가 지녀야 할 윤리의 근간입니다. 일상 속에서 이러한 원칙을 지키는 데 조금만 더 주의를 기울인다면, 세상은 분명 더 좋은 곳이 될 것입니다.

요즘은 누구나 건강 문제에 아주 민감합니다. 하지만 육체의 건강을 위해 몸의 청결에 신경을 쓰는 만큼 내면의 평화를 얻고 유지하기 위해 정서적 청결에도 힘을 써야 할 것입니다. 우리는 분노, 불안과 두려움에 맞서고 이를 다스리는 법을 배워야 합니다. 여기서 핵심은 마음의 평화를 이루는 것입니다. 젊은이들이 내게 어떻게 해야 행복하고 평화로운 세상을 만들 수 있는지 물을 때면, 나는 이렇게 답합니다. "정직하고, 진실하고, 이타적인 사람이 되어야 합니다."

타인을 돌보는 데 힘을 쏟다 보면, 거짓말을 하거나 오만한 행동과 속임수를 쓸 시간이 없습니다. 진실하게 행동하면 투명한 삶을 살 수 있으며, 이를 통해 우정의 바탕인 신뢰를 쌓을 수 있습니다. 우리는 누구나 어느 정도 이기적으로 행동할 수밖에 없으며 중요한 것은 현명한 이기주의를 추구하는 것입니다. 현명한 이기주의란 인간이 특별한 존재라는 사실을 잊지 않고, 나에 앞서 타인의 이익을 생각해주는 것입니다.

평화와 행복의 원천은 우리 안에 있는 애정입니다. 우리가 동물과 구별되는 것은 우리의 지성 때문입니다. 지성이 애정과 만날 때, 행복이 탄생합니다.

젊은이 여러분의 행복한 미래를 기원합니다.

달라이 라마

I
미와 사랑처럼 유동적인 삶

저 멀리 있는 사랑

나는 늘 내가 공포증을 느끼지 않는다고 생각해왔다. 사다리를 오르는 것이 두렵지 않았기에, 전구가 나가면 내가 갈겠다고 발 벗고 나섰다. 그럴 때면 사다리 꼭대기에 올라가 한 뼘도 채 안 되는 네모난 발판 위에 한 발로 서서 한 손을 천장에 댄 채 외다리로 균형을 잡았다. 나는 내 다리에 대한 근거 없는 믿음이 있었고, 전구 가는 일을 즐겼다.

그러던 어느 날이었다. 그날따라 기분이 유난히 가라앉았는데, 왠지는 잘 모르겠다. 솔직히 심연 속에 내동댕이쳐진 듯한 기분이 들 때마다 그 이유를 다 알게 되면 인간의 뇌 용량은 몇 주 만에 과부하가 걸릴 것이다. "사람들은 우울해지고 나서야 그 이유를 찾으려 한다"라는 미국 철학자 윌리엄 제임스William James의 말처럼 어쩌면 우리가 인지할 수 있는 우울증의 이유는 핑계에 지나지 않을지도 모른다.

어쨌든 유난히도 우울했던 어느 날, 갑자기 전구가 나갔는데 때마침 사다리까지 새것이었다. 이사할 때 흔히 쓰는 확장형 사다리였다. 나는 아무 생각 없이 사다리를 필요 이상으로 길게 늘이고, 사다리 꼭대기로 올라갔다. 그런데 플라스틱 전등갓의 작은 구멍을 통해 방안의 베이지색 타일이 눈에 들어오는 순간, 목덜미가 서늘해지고 식은땀이 목을 타고 흘러내리는 것이 아닌가. 반사적으로 전등갓을 치우고 아래를 바라보니 물건들이 서로 겹쳐 보이면서 사물의 경계가 모호해졌다. 방금 전 내가 속해 있던 세상과는 전혀 다른 세상이었다. 그건 이성의 지배를 받는 세계가 아니었다. 아래를 내려

미와 사랑처럼 유동적인 삶

다보는데 눈이 사시가 된 것 같았다. 눈이 뇌의 명령이 아니라 혼돈의 목소리에 따라 움직이는 것 같았다. 마치 눈 안에 자석이 박혀 있는데, 누군가가 내 눈앞에서 철로 만든 거대한 갈고리를 낚싯줄에 매달아 흔들어대는 것 같았다. 생전 처음 겪는 느낌이었다.

그나마 땅바닥에 나뒹굴지 않을 수 있었던 것은 본능적으로 사다리에서 뛰어내린 나를 온몸으로 받아준 소파 덕분이었다. 그날 나는 고소공포증이 무엇인지 알게 되었다. 무지와 단순함에서 나온 오만함 때문에 그동안 고소공포증을 일종의 두려움이라고만 생각했었다. '추락에 대한 두려움', '부상에 대한 두려움', '어떤 일에 앞장서야 하는 것에 대한 두려움', '죽음에 대한 두려움', '통제력 상실에 대한 두려움', '뒤로 넘어지는 것에 대한 두려움' 같은 것들 말이다. 하지만 그날 이후 나는 고소공포증을 '두려움'이 아니라 일종의 '욕망'이라고 생각했다. 그렇다. 고소공포증은 나의 '욕망'에서 기인한 감정이다. '추락하고픈 욕망', '다치고 싶은 욕망', '앞장서고 싶은 욕망', '죽고 싶은 욕망', '통제력을 잃고 싶은 욕망', '뒤로 넘어지고 싶은 욕망'. 모든 두려움은 그 이면에 욕망을 숨기고 있다.

이제는 내게 고소공포증이 없다고 단언할 수 있다. 고소공포증을 느낀 이유를 알았으니까. 나는 자기 파괴적인 성향이 있다. 가끔 건물 6층이나 12층 난간에 서서 '지금 당장 여기서 뛰어내려 버릴까? 그러면 지난 과거를 깨끗이 지워버리고 인생을 처음부터 새롭게 써나갈 수 있을 텐데'라고 생각한다.

나는 욕망을 이성으로 지나치게 억누르지 않기 위해, 이러한 욕망을 느끼는 내 자아와 대화를 나누려 했다. 그래야 자기 파괴적인 욕망을 예측하고 적당한 선에서 통제할 수 있으니까. 사실, 자기 파괴는 지극히 인간적인 본성이다.

　예컨대 아파트 20층 발코니에 고양이를 풀어 놔 보자. 조금만 환경에 익숙해지면, 녀석은 곧바로 도시가 한눈에 내려다보이는 발코니에서 가장 높은 곳에 웅크리고 누울 것이다. 인간은 절대로 선택하지 않을, 그런 곳 말이다. 우리가 난간에 누운 고양이를 보고 현기증을 느끼는 이유는 죽음을 향한 우리의 욕망을 고양이에게 투영하기 때문이다. 하지만 정작 고양이는 그런 욕망을 모른다. 자기 파괴적 충동은 현기증 외에도 얼마든지 다른 형태를 취할 수 있는데, 가장 흔한 형태가 바로 '중독된 사랑', '병든 사랑'이다. 언뜻 그런 사랑은 아픔을 주는 것 같지만, 사실 사다리나 계단과는 비교할 수 없을 정도로 자기 파괴적 충동을 충족한다.

중독된 사랑은 추락을 원하는 인간의 욕망이다. 죽음을 향한 욕망이자, 모든 것을 포기하고자 하는 욕망이다. 인간의 자기 파괴적 충동이라는 독이 일상과 뒤섞이면, 설탕처럼 달콤해진다. 친숙하고 편하게 느껴진다. 습관은 예측할 수 있다. 그렇기에 비이성적인 미지의 사회에 홀로 남겨진 불안정한 '액체 인간'에게 습관은 어떤 것이든 간에 갈수록 소중해진다.

　습관은 인간을 마비시키고, 인간을 편안하게 해주는 독이다. 마음이 편안해지면 자신이 사랑받고 있다는 착각에 빠지지만, 그것이야말로 인간이라는 동물이 빠질 수 있는 가장 위험한 모순이다. 사실 사랑은 저 멀리 있기 때문이다.

끊임없이 변모하는 사랑

오늘날 우리는 당장의 욕구를 충족해주는 것만을 사랑할 가치가 있다고 여기게 되었다. 욕망이 완전히 해소될 때까지 계속해서 욕구를 충족해주면, 모두가 인정하고 공감하는 보편적인 가치가 된다는 말이다. 21세기에 들어 '사랑하다'라는 동사는 가장 사적이고 모호한 의미의 단어가 되었다. 사랑이야말로 그것이 부재할 때 가장 강하게 느껴지는 감정이기 때문이다. 다양한 국적의 사람들에게 '사랑'의 의미를 물으면, 이 단어가 문화 상대주의를 얼마나 잘 나타내는지 알 수 있을 것이다.

역사상 가장 위대한 사상가들조차 사랑의 진정한 의미에 대해서는 의견이 일치하지 않았다. 사랑은 가장 많이 사용되는 단어지만 그 의미는 명확하지 않다. 사랑은 애매하고 불안정한 단어이다.

과거의 위대한 철학자들은 사랑을 어떻게 정의했을까? 인류 문명의 기원인 고대 그리스로 거슬러 올라가 보자. 플라톤의 『향연』에서 소크라테스는 "자신은 에로스에 관한 것이 아니면 아무것도 모른다"라고 했다. 실제로 『향연』의 주제는 사랑이다. 프랑스의 철학자이자 정신분석학자인 자크 라캉 Jacques Lacan이 향연이야말로 사랑에 대한 서양인의 관점을 제시해주는 작품이라고 한 데에는 다 이유가 있다.

어떤 이들은 사랑은 영혼의 병이라고 주장한다. 이들은 사랑으로 인해 혼란에 빠지느니, 차라리 사랑에 빠지지 말라고 한다. 에피쿠로스는 영혼이 평화로운 상태인 '아타락시아'에 이르기 위해 은둔의 삶을 살아야 한다고 했고, 그를 추종했던 루크레티우스는 '사랑을 하면 할수록 욕망으로 인해 가슴이 새까맣게 타들어 간다'고 했다.

에피쿠로스나 루크레티우스에 비해 우리와 훨씬 더 가까운 시대의 철학자인 파스칼도 사랑에 대해 사유했다. 그는 사랑을 망각과 연관 지었으며, 철학의 대상에서 제외해야 한다고 주장했다. "심장은 이성이 모르는 자신만의 이유를 가지고 있다." 더 이상 무슨 말이 필요하겠는가.

하지만 현대에는 과거와는 전혀 다른 현상이 일어나고 있다. 토마스 프리드먼Thomas Friedman은 그의 저서 『늦어서 고마워』에서 현시대를 "가속의 시대"라고 했다. 그에 따르면 현대사회에서 눈에 띄지 않게, 하지만 가장 빠른 속도로 변화를 겪은 개념이 바로 사랑이다.

사랑은 끊임없이 새롭게 시작하고 싶은 욕망을 자극하는 감정이다. 이렇게 시작된 사랑은 결코 논리적인 결론으로 이어지지 않는다. 사랑에 빠졌을 때의 긴장감은 결코 고갈되지 않는다. 어떤 감정의 긴장감이 고갈되는 경우는 그에 못지않은 강렬한 감정으로 대체될 때뿐이다. 이때 감정의 대상은 바뀌지만 '사랑'이라는 표현은 변하지 않는다.

현대는 일부일처제의 시대는 아니지만, 그렇다고 다자

미와 사랑처럼 유동적인 삶

간의 사랑poliamori 시대도 아니다. 우리는 지금 새로운 시대에 살고 있는데, 바로 액체 사랑amore liquido의 시대이다. 이런 시대에 정절은 '사랑'이라는 가상의 개념 속에서만 존재한다. 액체 사랑의 시대에 사랑의 대상을 바꾸는 것은 (경우에 따라서 파트너를 바꾸는 것도) 과거처럼 배신행위로 치부되지 않는다. 오히려 개인적 긴장감에 대한 존중의 표시로 인지된다. 갈수록 '개인적 긴장감'을 '사랑'으로 착각하는 사람들이 늘어가는 추세이다. 사람들은 '사랑과 개인적 긴장감'을 착각함으로써 만족할 기회를 잃어버린다.

액체 사랑에 입이 있다면 아마도 이런 말을 했을 법하다. "당신을 가진다 해도, 나는 만족하지 못할 거예요. 당신을 가지기보다는 차라리 한 발자국씩 걸음을 내딛고, 심장이 뛰고, 숨을 내쉬는 매 순간 당신을 상상하고 싶어요. 당신이 온전히 나의 것이 되면, 나는 당신을 전보다 더 그리워할 거예요. 당신이 멀리 있기 때문에 오히려 내 것으로 생각했던 당신의 일부분이 그리울 테니까."

현대인에게 사랑은 '개인주의적인' 것으로 변모하고 있다. 현대인의 사랑은 자신과 다른 것은 모두 없애버리려는 듯하다. 사랑에 빠진 '자아'는 점점 상대방과 닮아가고 있는 것처럼 보이지만, 그것은 그전부터 이미 서로 공통점이 있었을 때만 가능하다.

사랑은 모든 의미에서 철저히 개인주의적인 개념으로 변하고 있다. 그런데도 요새 사람들은 사랑이라는 지극히 사적인 문제에 대한 해답이나 '보다 나은 삶'에 대한 해답을 공개적으로 묻는다.

인터넷이 발달한 사회에서는 누구든 갑자기 유명인사가 될 수 있다. 하지만 이들은 그냥 유명하다니까 유명할 뿐, 정말로 타인과 구분되는 특출난 능력이 있어서 유명한 것은 아니다. 현대사회에서 사생활을 보호할 수 있다는 생각은 환상일 뿐이다. 사랑은 이익 창출을 위해 시장이 원하고 추구하는 이미지를 따라야 한다. 요즘 청년들이 약삭빠른 브로커처럼 연애를 분산 투자한 주식을 운용하듯 관리하는 데는 다 그럴만한 이유가 있다.

이탈리아 작가 체사레 파베세는 자살하기 직전에 이런 말을 했다. "사람들이 사랑에 목숨을 거는 것은 *특정한* 여성을 향한 감정 때문만은 아니다. 사랑으로 인해 우리의 초라하고, 비참하고, 무기력하고, 무의미한 존재의 민낯이 적나라하게 드러나기 때문이다."(여기서 이탤릭체로 표기한 단어는 필자인 내가 덧붙인 것이다.)

우리는 자기도 모르는 새 끝없는 소유욕의 노예가 되어서 끊임없이 '확실한' 무엇인가를 갈망하고 이상화한다. 하지만 가장 심각한 문제는 이러한 감정을 '사랑'과 혼동한다는 것이다.

이는 공동체가 공식적으로 개인주의 앞에 무릎을 꿇고 인류가 공동체 없이도 살 수 있다는 헛된 생각을 품게 된 후, 우리 앞에 놓인 운명이다. 현대인은 적어도 겉으로 보기에는 타인과 결속하거나 공생할 필요가 없어 보인다. 인간 사회는 순식간에 생산 사회에서 소비 사회로 탈바꿈했다. 여기서는 '사랑'이라는 근원적이고 오래된 개념마저 소비 앞에 무릎을 꿇는다. 액체 세대, 즉 80년대에 이후에 태어난 모든 이들이 이 소비 사회의 일원이다. 이들에게 사랑은 마음만 먹으면 언제든 버릴 수 있고, 재활용할 수 있는 감정이다. 이들은 낡고 고장 난 물건을 '고쳐야 한다는' 요구에 복종하지 않는다.

서구사회에서 이익은 '믿음'과 '신뢰'보다 더 좋은 것을 찾기 위해서라면 쓰던 물건도 버리고 마는 '속도'에서 창출된다. 시간이 갈수록 신뢰의 개념이 희석되고 있다. 현대사회에서 '신뢰'는 신뢰마저 깰 수 있다는 자유에 한해서만 인정된다.

외계인같이 행동하는 심장

사랑은 왜 인간이란 존재를 그토록 두렵게 만들까? 사랑이 왜 죽음보다 두렵게 보일 때가 있을까? 사랑이라는 감정 속에서 경험하는 무기력함은 실로 특이한 감정이다.

나는 이 주제에 대한 논의를 동물의 사랑으로 시작하려 한다. 동물의 사랑은 인간과는 분명 다른 형태의 사랑이겠지만, 사랑이라는 주제를 인간에 한정해 논의하는 것은 너무나 제한적이기 때문이다. 예전에 티노라는 잘생긴 수고양이를 키운 적이 있다. 새까맣고 긴 털에 윤기가 흐르는, 건강함의 상징과도 같은 녀석이었다. 티노는 매일 저녁 정원에서 나를 반겨주었다. 녀석은 늘 내가 자기를 쓰다듬어주기를 바랐다. 내심 간식을 기대하는 마음도 있었겠지만 말이다. 하루는 뚜렷이 구분할 수 없이 수많은 색이 뒤섞인 암고양이 한 마리가 우리 집 잔디밭 근처를 조심스럽게 거니는 모습이 눈에 띄었다. 그리고 얼마 후 암고양이는 티노와 똑 닮은 까만 새끼 다섯 마리를 낳았다. 그런데 안타깝게도 어미는 출산 중에 죽고 말았다. 그날 이후 티노는 변해버렸다. 불안해하고, 저녁에 나를 반갑게 맞이해주지도 않고, 먹이를 줘도 거의 입에 대지 않았다. 아마도 녀석은 암고양이와 함께 지냈던 황홀한 순간들을 되새기며 (동물의 사랑을 단순한 교미 행위로 국한할 필요는 없지 않은가) 그때로 돌아가고 싶었을 것이다. 새끼 고양이들의 어미가 세상을 떠났다는 사실을 받아들이지 못했을 것이다. 그러던 어느 저녁 나는 티노의 시체를 발견했다. 녀석은 위험한 도로에서 차에 치여 죽어 있었다. 암고양이를 찾아 헤매던 도로였다. 티노의 죄는 자신의 욕망을 좇은 것뿐이다. 녀석의 욕망은 무엇이었을까? 다른 고양이를 사랑하고 싶은 욕망? 짝과 성적 욕망을 채우고 싶은 욕망? 진실은 아무도 모른다.

여기서 중요한 것은 인간이 사랑을 두려워하고, 사랑을 병처럼 취급하는 이유는 자신이 원하거나 자신이 선택한 대상이 아니라, 욕망의 대상을 사랑할 수밖에 없기 때문이라는 사실이다. 무엇인가를 원하는 감정은 인간에게 안정을 주는 인간의 본성이다. 인간의 자아는 이러한 감정을 북돋아주고, 원하는 바를 실현할 수 있도록 도와준다. 또, 이러한 감정은 이성의 지지를 받는다. 예컨대 이룰 수 없는 것을 바랄 때, (심리적 면역 체계의 도움을 받은) 이성이 구원 투수로 나선다. 시간이 지나면서 이성은 우리의 '바람'이나 '특정한 대상이 되고 싶다는 소망'을 누그러뜨리거나, 달성할 수 있는 수준으로 목표를 조정하거나, 목표를 달성할 수 있는 지름길을 찾게

미와 사랑처럼 유동적인 삶

도와준다. 그에 비해 욕망의 근원은 대체로 알 수 없다. 욕망은 내적 충동이고, 인간은 그러한 충동 앞에 무기력하다. 인간의 자아와 자기애는 대개 욕망 앞에서 무방비 상태로 무너진다. 사랑에 대한 두려움의 핵심은 바로 여기에 있다. 인간은 싫어하는 것을 원할 수는 있어도, 원치 않는 것을 원할 수는 없는 법이다. 우디 알렌의 영화 중에는 이런 대사가 있다. "나는 죽음이 두렵지 않아. 하지만 내가 다른 곳에 있을 때 죽음이 찾아오면 좋겠어." 여기서 '죽음'이라는 단어를 '사랑'과 바꿔도 많은 사람이 공감할 명언이 될 듯하다.

프랑수아 페늘롱François Fénelon*은 이렇게 말했다. "욕망은 순금이 아닌, 모든 것을 불태워버리는 불길이다." 우리는 바로 이러한 불길을 다스리고자 한다. 하지만 불길은 우리를 가차없이 불태우고, 우리는 그 보이지 않는 포식자의 희생양이 된다.

사랑은 '외계인 손 증후군'을 연상시킨다. '외계인 손 증후군'은 공상과학 소설에나 나올 법한 이야기 같지만, 실제로 존재하는 병이다. 처음 '외계인 손 증후군'에 걸린 중년 남성의 이야기를 들었을 때 나는 충격을 받았다. 그는 뇌출혈 후 뇌의 좌반구와 우반구가 완전히 분리되어 서로 소통하지 못하게 됐다고 한다. 그렇다면 이 증세는 일상생활에 어떤 영향을 미칠까? 우선 한쪽 손이 자신의 의지와는 전혀 상관없이 움직이기 시작했다. 뇌가 내리는 명령에 복종하지 않고 완전

---

* 프랑스의 신학자·소설가·저술가

히 제멋대로 행동하게 된 것이다. 제멋대로 움직이는 손이 초래할 결과를 상상해보자. 우선 음식을 한 손에서 다른 손으로 건넬 수 없게 될 것이다. 통제불가능한 손이 음식을 무사히 건넬 거라는 보장이 없으니까. 신문 한 장 마음대로 넘기기 힘들 것이다. '외계인 손'이 신문을 덮어버리지 않는다는 보장이 없으니까. 그런 식으로 운전도 마음대로 하지 못하게 될 것이다.

외계인 손 증후군 환자는 담배 한 대조차 마음대로 피지 못한다고 한다. 담배를 피우려 할 때마다 외계인 손이 입에서 담배를 빼서 땅바닥에 내동댕이치기 때문이다. 담배를 끊고 싶어도 끊지 못하는 수많은 흡연자에게는 도움이 되겠지만, 외계인 손 증후군은 이보다 훨씬 심각한 결과를 초래할 수 있다. 예컨대, 이 증후군에 걸린 한 여성은 자다가 계속해서 흠칫 놀라서 잠에서 깨곤 했는데, 그때마다 숨이 막히고, 목에 선명한 손자국이 있었다. 나중에 확실한 증거가 드러났을 때, 그녀는 불편한 가설을 받아들일 수밖에 없었다. 그녀가 잠들 때마다 뇌의 통제를 받지 않는 왼손이 정신을 잃을 정도로 목을 꽉 죄어서 자신을 목 졸라 죽이려 한 것이다. 그때부터 여성은 잠들기 전에 외계인 손을 침대에 묶어야 했다.

사랑에 빠진 심장도 종종 '외계인 심장'이 된다. 욕망이라는 매혹적인 '옷'을 걸친 심장은 우리를 비이성적인 감정과 열정과 고통의 세계로 이끈다. 이성의 충고와는 반대 방향으로 이끈다. 우리는 사랑 때문에 질식해 죽을 수도 있다. 사랑은 인간으로 하여금 현실보다 더 높은, 다른 세계에 살고 있

미와 사랑처럼 유동적인 삶

다는 거짓된 환상을 품게 하기 때문이다. 그러다 인간이 가장 방심하고 있을 때, 헛된 꿈을 꾼 대가를 치르게 한다. '외계인 손 증후군'처럼, 어느 날 갑자기 의학서적에 '외계인 심장 증후군'이라는 새로운 병명이 등장할지도 모른다.

사랑받지 못한 여인들

교리문답 수업을 받으러 성당에 다니던 초등학교 시절, 수업이 끝날 때마다 나는 언제나 미심쩍은 마음으로 성당을 나서곤 했다. 교리문답은 나를 미로 속에 밀어 넣었다. 수업을 들을 때마다 내 머릿속에는 도무지 답을 찾을 수 없는 질문들이 늘어나기만 했다. 당시에 나는 같은 반에 다니던 여자아이와 플라토닉한 관계였다. 우리는 '사랑에 빠져 있었다'. 그녀와 나는 아무리 생각해도 우리가 천생연분인 것 같았다. 그 애는 성당에 열심히 다녔고, 그 애를 보고 싶은 마음에 나는 흔쾌히 함께 교리문답 수업을 받기로 했다. 솔직히 어린 시절 나는 말썽꾸러기였다. 아이들이 당연하게 받아들일 만한 선생님의 말씀에도 사사건건 딴지를 걸었다. 한번은 선생님이 이런 말을 하셨다.

"너희들 모두 열심히 공부해야 해. 그렇지 않으면 하나님께서 벌을 내리실 테니까. 모두 열심히 기도해야 해. 그렇지 않으면 하나님께서 너희들이 그분의 자녀인 줄 모르실 테니까." 선생님 말씀에 아이들은 겁에 질려서 조용해졌다. 아무도 감히 적막을 깨지 못했다. 하지만 모든 말을 지나치게 진지하게 받아들이는 못된 습관이 있었던 나는 서슴지 않고 이렇게 물었다. "제가 아는 형이 스물다섯 살인데, 그 형은 살면서 기도한 적이 한 번도 없대요. 학교에 다닐 때도 세 번이나 낙제했고요. 그런데도 그 형은 지금 멀쩡하게 너무나 잘 살고 있어요. 어떻게 그럴 수 있죠?" 그뿐만이 아니다.

"선생님. 우리의 종교를 몰라서 우리가 믿는 신에게 기도할 수 없는 아이들은 어떻게 되나요? 그런 아이들은 모두 죄인이라서 매일 벌을 받나요?" 심지어 마지막에는 이런 질문까지 했다. "하나님은 어떻게 그 수많은 사람을 벌하시나요? 그 많은 사람을 어떻게 일일이 셀 수 있죠? 하나님은 도대체 머리가 몇 개인 거죠? 하나님이 머리가 많으면 우리가 하나님의 모습을 닮았다는 말도 사실일 수 없겠네요?"

도무지 뭐라 대답해야 할지 몰랐던 선생님은 결국 내게 못 배우고 버르장머리 없는 아이라면서 교실 밖으로 나가라고 했고, 나는 여전히 해결되지 않은 질문을 마음에 품은 채 교실 밖으로 나갔다.

그러던 어느 날 운명의 순간이 오고 말았다. 그날의 수업 주제는 십계명이었다. 그날 있었던 일을 이야기하기 전에, 당시 불과 여덟 살이었지만 플라토닉한 관계였던 여자아이에게 무척 진지한 감정을 가지고 있었다는 사실을 다시 한번 말해 둔다.

'남의 아내를 탐하지 말라'라는 아홉 번째 계명을 듣는 순간 나는 '어떻게 남의 아내를 탐할 수 있겠어. 내겐 평생 오직 너뿐이야'라고 말하는 듯한 눈빛으로 엘레나를 당당하게 바라보았다. 엘레나도 그런 나의 시선을 수줍게 받아주었다. 나

　　　　　　　　미와 사랑처럼 유동적인 삶

는 뿌듯한 마음으로 자애로운 선생님의 눈을 바라보며 혼자 생각에 잠겼다.

'그래, 잘했어. 이번에야말로 엘레나에게 확실히 점수를 땄어. 엘레나는 내 마음을 이해했을 거야. 엘레나도 남의 아내를 탐하지 않아야 할 텐데. 아니, 아니다. 엘레나는 여자니까 남의 남편을 탐하지 말아야 하나?' 그러고 보니 남편이란 단어를 본 적이 없는 것 같아, 다급히 십계명을 다시 훑어보았다. 내가 잘못 본 것이 아니었다. 아홉 번째 계명은 남자에게만 해당하는 것이었다. 이 계명만 보면 여자는 이 세상에 존재하지 않는 것 같았다. 하지만 어린 시절 나는 이를 전혀 다른 방식으로 받아들였다. '하나님은 여자인 것이 분명해! 하나님은 여자니까 여자가 남의 남편을 탐해도 죄가 아닌 거야!' 십계명이 나와 엘레나의 미래를 가로막는 심각하고 부당한 규칙이라는 생각에 선생님에게 설명해 달라고 했다가 어김없이 쫓겨나고 말았다. 나는 한심하기 짝이 없는 혁명가였다.

그로부터 한참 후에야 나는 과거엔 여성이 정치적·사회적으로 소외되었다는 사실을 배웠다. 그래서 십계명에 언급조차 되지 못했다는 사실도. 과거 여성은 단지 욕망의 대상일 뿐이었으며, 그런 여성이 남성을 욕망할 수 있다는 사실은 생각조차 못 할 일이었다는 것을 나중에야 알았다. 남성은 성적 판타지를 억제해야 했지만, 여성은 그런 생각을 품을 수조차 없었다.

이 에피소드는 하나의 예일 뿐이다. 역사는 여성의 침묵으로 이루어진 공동묘지다. 수천 년 동안 남성은 여성의 존엄성을 짓밟았다. 여성이 목소리를 내기 시작한 것은 불과 수 세기 전의 일이다.

　나는 철학이 매력적인 학문이라고 생각한다. 그래서 각 시대를 대표하는 위대한 사상가들을 통해 과거 사회의 단면을 파악한 후, 이를 토대로 현대사회를 조망해보려 한다. 위대한 철학가들의 명언은 많이 알려졌지만, 이들이 여성관은 비교적 알려지지 않았다.

　소크라테스는 철학의 아버지이다. 플라톤의 『향연』을 보면, 소크라테스는 삶과 '에로스'와 관련된 주제에 대해서 디오티마라는 여성을 스승으로 삼았다고 한다. 당시 '에로스'란 '사랑과 관련된 모든 것'을 뜻하는 광범위한 의미로 사용되었다. 에로스를 성적 유희로만 국한하는 오늘날 그 의미는 매우 제한적인 것이 되었다. 물론 많은 (남성) 학자들은 이 디오티마라는 여성이 플라톤이 상상으로 만들어낸 가상의 인물이라고 주장한다. 하지만 나는 이 부분은 별로 중요하지 않다고 생각한다. '가장하다, 속이다'를 의미하는 라틴어 어원에는 '형성하다', '원형을 만들다'라는 의미도 있다. 즉, 무에서 새로운 것을 만드는 것은 아니라는 말이다. 그러니 플라톤이 언급했다면, 디오티마와 비슷한 실존 인물이 그의 상상에 영향을 주었을 가능성이 크다. 어쨌든 중요한 것은 고대 그리스에선 여성이 '스승'의 역할을 할 수 있었다는 사실이다. 이것은 오히려 그 후 오랜 기간 상상조차 할 수 없는 일이었다. 디

미와 사랑처럼 유동적인 삶

오티마는 '사랑의 트릭'을 잘 알고 있었다. 사랑이란 고통과 행복 사이에서 균형을 잡을 수 있는 능력이라고 했다. 수많은 소유욕 가운데서 중심을 잡으면서, 결핍을 인지하되 희망을 버리지 않아야 한다고 했다. 그래야만 기다릴 수 있고, 결핍에 대한 두려움 때문에 영혼이 메마르지 않는 거라고 했다. 결국, 사랑은 소유욕이 없는 욕망이다. 성큼 다가왔다 스치듯 떠나게 내버려 둬야 하는 것이다.

위대한 사상가들은 어떤 여성관을 가지고 있었을까? 나는 남성과 여성을 아울러 역사적으로 가장 많은 독자를 보유한 철학자와 지성인을 선택해, 이들이 SNS를 활용할 수 있었다면 어떤 식으로 각자의 여성관을 표현했을지 상상해보았다.

#여성은연약한존재

프리드리히 니체(1844-1900): 여성은 "모든 면에서 먼지만 스쳐도 괴로워하는 노리개와 같은 존재다 […] 여성은 강자와 여성보다 더 강한 자의 권리로부터 스스로를 보호한다."(『즐거운 지식』), "여성에게 남성은 자식을 낳기 위한 도구일 뿐이다."(『차라투스트라는 이렇게 말했다』), "여성에게는 지성이, 남성에게는 감성과 열정이 있다."(『인간적인, 너무나 인간적인』)

#복종을교육받은여인들

아르투르 쇼펜하우어(1788-1860): 유럽에서 가장 많은 판매 부수를 기록한 19세기의 철학자 쇼펜하우어는 세상 모든 여성은 가사를 돌보는 가정주부이거나, 가정주부를 꿈꾸는 처녀들이어야 한다고 했다. 이들은 거만하지 않고, 열심히 일하고 복종하도록 교육받아야 한다.(『여성에 관한 에세이L'arte di trattare le donne』)

#사회의존적인여성

임마누엘 칸트(1724-1804): 오드 란셸린Aude Lancelin과 마리 레모니에Marie Lemonnier는 『철학자와 사랑 Les philosophes et l'amore』에서 임마누엘 칸트를 공인된 여성혐오자로 규정한다. 칸트는 전형적인 프러시아의 완고한 보수적 인물로 (완곡하게 표현하자면) 길 가다 여자들과 철학이나 프랑스 혁명을 논하는 것은 질색하는 사람이었다. 칸트는 종종 '요리와 가사야말로 여성의 진정한 명예이다. 여자라면 지치고 피곤한 몸을 이끌고 아침 식탁에 앉은 남편에게 상냥한 태도와 편안한 대화로 기쁨과 휴식을 제공해주어야 한다'는 유의 발언을 공공연하게 하고 다녔다.

#여성은복종해야한다

장 자크 루소(1712-1778): 사랑에 있어서 윤리를 논하는 것은 사회 관습에 의해 생성된 결과이다. 그것은 여성들이 그들의 영역을 지키고, 복종해야 할 대상인 남성에게 오히려 주인 노릇을 하기 위해 교묘하게 만들어낸 거짓된 감정이다.(『인간 불평등 기원론』)

#법을거부할권리

미셸 드 몽테뉴(1533-1592): 여성은 자신에게 주어진 삶의 규칙을 거부할 권리가 있다. 여성의 참여나 동의 없이 남성이 만든 법이기 때문이다.(『수상록』)

#플라톤은차별하지않는다

플라톤(서기 427 혹은 428–서기 348 혹은 347): 플라톤은『공화국』5 권에서 남녀를 막론하고 특정 성별에 따라 일을 제한할 필요는 없다고 주장한다. 이는 곧 여성의 교육과 정치 참여를 막을 이유가 전혀 없다는 의미다. 성차별 없이 다양한 임무를 줘봐야 개개인의 차이를 알 수 있다.

역사서와 철학서에는 여성의 업적에 관한 내용이 별로 없다. 그것은 그들이 이룬 업적이 없어서가 아니라, 그동안 근거 없이 남성이 여성을 자신보다 열등한 존재로 여겼기 때문이다 (남성도 여기에 대한 책임이 있다). 과거, 여성들은 도덕적으로 평가절하되고 사회적으로 소외되었다.

그렇다면 현대 여성들은 어떠한가? 지난 100년 동안 이탈리아는 여성 인권의 비약적인 신장을 이루었지만, 이는 '양날의 검'으로 작용하기도 했다.

여성 참정권, 즉 여성이 투표에 참여할 수 있는 권리는 1700년대 프랑스에서 시작된 투쟁과 권리 요구에 따른 것이다. 하지만 이탈리아에서는 1946년이 되어서야 여성 참정권이 인정됐다. 그해 이탈리아에서는 최초로 21세(당시 성인 연령 기준) 이상 여성이 정치적인 목소리를 내는 것이 인정되었다. 많은 여성이 오랫동안 갈망해왔던 여성 참정권은 분명 1970년대 페미니즘의 기초가 되었다.

이것이 '양날의 검'인 이유는 매우 단순하다. 당시 페미니즘의 목표는 기회와 권리의 평등을 통한 자유를 얻는 것이었다. 하지만 여성이 진정으로 원하는 자유는 아마도 남성에게서 독립적으로 발전하는 것이었을 것이다. 남성들이 여성의 정체성 위에 구축해 놓은 상부구조와는 상관없이 말이다.

남성의 권리를 이야기할 때 여성과 비교하는 경우는 거의 없지만, 여성의 권리를 이야기할 때는 그렇지 않은데, 그것은 여성이 '남성과 똑같은 권리를 원한다'고 누차 주장했기 때문이다.

사랑받고 싶은 여성의 욕망은 내일로 미룰 수 없는, 절박한 욕망이다. 일반적으로 세상은 겨우 몇 세기 전부터 여성의 목소리에 귀를 기울이기 시작했다. 그동안 남성 중심적인 사회에서 억압받았던 여성의 감정을 생각하면, 오늘날 나는 이러한 욕망을 육체적인 것을 뛰어넘는, 가히 '진화론적' 욕망이라 정의 내리고 싶다. 하지만 소비 사회가 여성의 중요성을 이토록 확실히 재발견하게 된 이유 중 하나는 여성이 시장의 주요 고객이 되었기 때문이다. 세계적으로 여성의 온라인 소비는 남성의 소비를 훨씬 앞섰다.

현대사회에서 인간은 시장의 이미지에 맞게 만들어진 장기 말에 지나지 않는다. 여러 데이터가 입증하듯, 여성은 시장에 매우 중요한 존재다.

사랑받지 못한다는 두려움

어린 시절 나는 어둠을 두려워했다. 어쩌면 어둠이 무서웠던 것이 아니라 혼자 있는 것이 두려웠던 것일 수도 있다. 어둠에는 나를 불편하게 만드는 무엇인가가 있었다. 어둠 속에서 한 곳에 시선을 고정한 채 뚫어지게 바라보고 있노라면 뭔가가 보이는 듯했다. 그 어렴풋한 형상은 내 상상대로 모습이 변했다. 예컨대 인어를 상상하면 정말로 인어처럼 보였다.

여기서 인어를 예로 든 것은 우연이 아니라 내가 처음으로 '완벽한 어둠' 속에서 이상적인 형상을 그려보려 했던 대상이 바로 인어이기 때문이다. 어린 시절 나는 디즈니 애니메이션 「인어공주」의 주인공에게 홀딱 반했었다. 인어공주를 너무 사랑한 나머지 온 세계를 찾아 헤매서라도 그녀를 찾고 싶었다. 인어공주가 단지 만화 주인공에 불과할 리 없었다. 너무나 아름다워서, 살아 있을 수밖에 없었다. 그렇다. 어른들은 너무 아름다우면 현실일 리 없다고 하지만, 어린아이는 그 반대로 생각한다. 너무 아름다워서 실제일 수밖에 없다고 생각하는 것이다.

그러던 어느 날 밤, 나는 방에 홀로 앉아 어둠 속에서 인어공주의 모습이 나타나기를 기다렸다. 인어공주를 내리 세 번이나 본 날이었다. 솔직히 만화 영화 내용은 너무 뻔했지만, 오직 그녀를 보고 싶은 마음에 열심히 앞뒤로 빨리 감기 버튼을 눌러댔다. 그날 밤 나는 어둠 속에서 온갖 형상이 나타나는 것을 지켜보았다. 인어공주만 빼고. 그리고 그날 이후 어둠이 두려워졌다. 어둠은 눈에 보이지는 않지만 완전한 생명체였고, 그 안에 수많은 비밀스러운 존재를 감추고 있었다.

어느 날 할머니가 내게 두려움에서 벗어나는 방법을 알려주셨다. "작은 야간등을 켜두면 무섭지 않을 거야." 당시 내

나이가 고작해야 대여섯 살 정도였을 텐데도, 그때 기억이 아직 생생하다. 할머니의 해법은 평범한 전선에 연결된, 희미한 빛을 내뿜는 작은 전구였다. 하지만 어둠 울렁증을 해소해주기 위해 할머니가 생각해낸 기발한 해결책은 상황을 더 악화했다. 희미한 불빛이 콘센트 주변만 겨우 밝히는 바람에 방 분위기가 공동묘지처럼 음침해졌고, 결과적으로 어둠 속 형상들은 더 끔찍해졌다. 첫날 밤 나는 할머니가 속상해하실까 봐 기분이 좋아진 척했고, 할머니는 그런 내게 다가와 어깨를 토닥여주셨다. "너도 이제 다 컸으니 무서워하지 말아라. 좋은 생각만 하고, 억지로라도 잠을 자야 해. 잠잘 때 숨 쉬는 것 잊지 말고."

이 부분에서 독자들은 말 안 듣고, 자기애가 지나치게 충만한 어린 몽상가가 할머니의 말에 과연 어떤 반응을 보였을지 궁금할 것이다. 여러분의 판단을 돕기 위해 사지선다형 답안을 준비해보았다.

a) 밤새 곤히 잤다.
b) 드디어 어둠 공포증을 극복했다.
c) 창문 밖으로 몸을 던졌다.
d) 그날 이후 할머니가 자취를 감췄다.

그 무엇도 정답은 아니지만 이상하게도 그날 밤 이후 많은 것이 바뀌었다. 가장 큰 변화는 처음으로 숨 쉬는 것이 어색해졌다는 사실이다. 나는 머릿속이 복잡해졌다. '숨이란 것은 마음

미와 사랑처럼 유동적인 삶

만 먹으면 멈출 수 있어. 코와 입을 막으면 저절로 숨을 못 쉬게 되니까. 그런데 왜 꼭 숨을 쉬어야겠다고 마음을 먹지 않아도 저절로 숨이 쉬어지는 거지?'

그날 밤 나는 그런 생각에 사로잡혀 뜬눈으로 밤을 지새우고 말았다. 어둠 공포증은 극복했지만, 그보다 더 큰 두려움이 생긴 것이다. 자다가 숨 쉬는 것을 잊어버릴까 봐 두려웠다. 어둠에 대한 두려움이야 야간등을 켜 놓으면 없어지겠지만, 잠자다 숨이 멎을 수도 있다는 두려움은 그렇지 않았다. 나는 흉물스러운 전등의 코드를 빼버리고, 숨이 멎을지도 모른다는 두려움을 이겨낼 방법을 고민했다. 결국, 그 두려움을 허무할 정도로 간단하게 극복했다. 두려움의 대상이 명확한데다 심리적이라면 눈을 감고 생각에 몰입하게 되는데, 그러다 보면 언젠가 두려움이 피로와 졸음 앞에 무릎을 꿇을 수밖에 없기 때문이다.

어쨌든 나는 여섯 살도 채 안 되는 나이에 중요한 사실을 깨달았다. 만약 호흡이 우리의 의지에 따라 멈춰진다면, 호흡은 세상을 움직이는 동력이 아니라는 사실 말이다. 호흡이 마음먹는 대로 멈출 수 있는 것이라면 그것은 주어진 임무를 수행하기 위해 우리 몸을 드나들며 맡은 일을 충실히 수행하는 일꾼일 뿐, 우리 몸을 지휘하는 감독일 수는 없었다.

실제로 우리의 의지와 상관없이 독립적으로 움직이며, 우리 몸에서 완전한 타인처럼 행동하는 근육이 있는데, 그것은 바로 심장이다.

미국의 심리학자 애덤 웨이츠Adam Waytz는《사이언티픽 아메리칸》지에 게재된 기고문「두뇌의 영역을 넘어선 심리학」에서 다음과 같이 주장했다.

"심리학에서 뇌는 오랜 기간 최고의 지위를 누렸다. […] 심리학에서 뇌가 가지는 중요성을 논하는 것은 경제에서 돈이 가지는 중요성을 논하는 것과 같다. 하지만 최근 심리학에서는 인간의 육체가 생각에 미치는 영향을 인정하는 분위기가 형성되었는데, 이로 인해 심장이 인간의 사회 행동에 미치는 영향에 관한 관심도 높아졌다. 최신 연구 결과에 의하면 심장은 인간의 생존을 위해 필수적인 기관일 뿐 아니라, 인간관계에도 영향을 미친다. 조금 더 구체적으로 이야기하자면, 심장박동수의 변화는 결정, 감정 조절, 스트레스 해소, 학업 등 인간의 사회적 행동에 결정적인 영향을 미친다. 심장박동수가 느릴수록 우울증, 자폐증세를 보이거나, 어떠한 사항을 결정할 때 신중한 태도를 보일 가능성이 크다. 반면에 심장박동 수가 빠를수록 타인의 감정을 이해하고, 부담스러운 상황을 극복할 수 있게 다른 이를 도와주는 등 사회성이 좋을 가능성이 크다. 이러한 결과 덕분에 신경과학과 임상심리학, 사회심리학 간의 관계와 심장이 사회적 행동에 미치는 영향에 관한 관심이 날로 증가하는 추세이다."

미국 과학자 스티븐 포지스Stephen Porges는 심장과 심장박동수의 상관관계에 관한 연구의 선구자이다. 그는 1990년대 심장과 사회적 행동의 연관성을 다루는 다미주 신경 이론을 발표했다. 다미주 신경 이론에 따르면 인간의 행동은 미주 신경이 심장에 주입한 정보에 의해 결정된다. 타인을 향한 관심도, 무관심도 모두 여기에서 결정된다는 것이다. 포지스 박사의 이론의 핵심은, 그가 단순히 심장박동수가 아니라 심장박동수의 변화에 주목한 데 있다. 실제로 포지스 박사 이전에는 아무도 심장박동수의 가변성을 흥미로운 변수로 생각하지 않았다.

미국 사회학자 닐 스멜서Neil Smelser는 그의 저서『사회학사전Manuale di sociologia』중「로맨틱한 사랑」에서 이렇게 말한다. "우리가 사랑에 대해 가지고 있는 일련의 관념들은 모두 서양 문화로부터 기인한다. 관계가 시작될 때 상대방에 대한 어느 정도의 기대치를 가지게 되는데, 이 역시 우리가 물려받은 서양 문화를 기반으로 형성된다. 이 중 일부는 11, 12세기 유럽의 궁중 문화와 영주에 대한 농노의 절대적인 헌신이 당연시되던 봉건시대까지 거슬러 올라간다. 이러한 사상들이 18세기에 새롭게 형성된 사랑의 개념과 뒤섞이면서, 짝을 찾는 것이 개인의 성장사에 있어 핵심적인 과정이 된 것이다. 당시 중산층 여성들은 남성이 일하러 나가면 집에 머물러야 했다. 이들에게 사랑은 그들이 속한 계급의 주요 가치인 사회적 안전, 이동, 성공과 직접 연관된 것이기에, 당시 여성에게 진정한 사랑은 곧 자아를 찾는 것이었다. 사랑을 통해서 원하는 사회적 지위를 차지하고, 자신의 가치를 증명할 수 있었기 때문이다."

이에 관해 사회학자 앤 스윈더Ann Swinder는 다음과 같이 언급했다. "자아에 대한 인식과 타인에 대한 인식은 결국 일치하는데, 이는 제인 오스틴의 소설에서 잘 나타난다. 그녀의 소설에서 사랑에 빠진 여주인공은 자신의 진정한 모습을 드러내는데, 그러한 모습을 꿰뚫어 보는 이는 오직 상대편 남성밖에 없다. 여주인공은 자신의 본모습을 알아봐준 남성의 가치를 인정함으로써 자신의 미덕을 인정받는다. 서로에 대한 사랑으로 인해 양측 모두 고귀해지므로 둘의 결혼은 공평하다. 사람들은 사랑을 통해 철저히 혼자인 세계에서 껍질을 깨고 나와 진정한 자아를 찾을 수 있다는 믿음을 가진다. 사랑에 빠지면 타인을 이해하고 이해받을 수 있으며, 궁극적으로 자신의 참모습을 찾게 될 거라는 믿음을 가진다."

위에서 언급한 인용문에서 부각되는 두 개의 핵심 키워드는 바로 '개별성'과 '고독'이다.

사랑은 단순히 자신이 삶을 타인과 공유하려는 노력이 아니다. 사랑은 누군가를 사랑하기보다는 누군가에게서 사랑받고 있다는 감정을 느끼려는 욕구이자 필요이며, 그러한 사실을 일상 속에서 증명하는 것이 바로 고독이라는 감정이다. 이때 고독은 육체적일 수도 있고 영적·심리적일 수도 있다.

심리학에서는 성인이 되면서 '사랑받고자 하는 욕구'는 '사랑하고자 하는 욕구'로 변형된다고 한다. 이 주제가 불편한 이유는 이 논리대로라면, 자신이 사랑받고 있다고 믿는 사람은 대가 없이 사랑할 수 있지만, 그렇지 못한 사람은 사랑할 수는 있어도 결국에는 사랑받고 싶은 욕구 때문에 상대방

미와 사랑처럼 유동적인 삶

에게 대가를 바라게 될 것이라는 점이다. 그로 인해 순수한 사랑이 더럽혀지고 조건부 사랑으로 전락할 위험이 있기 때문이다.

사랑하는 만큼 사랑받기를 원하는 '부메랑 사랑'을 추구하면 종국에는 사랑의 근간이 흔들린다. 사랑과 소유욕이 결합하면 사랑은 변질되고 상대방을 숨 막히게 할 것이다. 우리가 진정한 사랑을 하지 못하는 이유는 사랑을 주고 싶은 마음보다 사랑을 받고 싶은 욕망이 더 크기 때문이다. 그렇기에 사랑하는 사람과 함께하는 것에 만족하지 못하고, 그를 소유하고, '우리'라는 명분 아래 상대방의 자아를 침범한다.

상대방을 사랑하고, 자신도 상대방에게 사랑받는다고 생각하는 사람에게는 상대방에 대한 소유욕이 없다. 반면에 상대방을 사랑하지만 자신은 사랑받지 못한다고 느끼는 사람은, 상대방을 소유하고 사랑한 만큼 사랑받아야 한다고 생각하며 상대방에게 자신의 감정에 상응하는 대가를 요구한다.

여기서 '사랑받는다'는 표현은 연인이나 부부 사이에서만 가능한 것이 아니다. 물론 연인이나 부부가 되었다는 것은 사랑의 대상이 일치했고, 상대방에 대한 신뢰 혹은 적어도 신뢰를 쌓고자 하는 노력이 있었음을 방증한다. 하지만 유년기나 사춘기에 애정 결핍을 경험한 사람은 동반자의 사랑이 충분하지 않을 수도 있다. 그 사랑이 진실된 것이라 할지라도 말이다.

여성을 대상으로 한 살인 사건이나 가정 폭력, 학교에서 발생하는 왕따 현상은 대부분 돌려받지 못한 애정으로 인해 변해버린 사랑이 일으킨 부메랑 효과인 경우가 많다.

언젠가 나는 이 문제를 주제로 프란치스코 교황과 이야기를 나눈 적이 있다. 그때 교황은 자신도 청년 시절에는 사랑받지 못할까 봐 두려워했었다고 털어놓으셨다.

교황은 그 말 한마디로 세계적으로 만연한 현대 사회 문제를 짚어내셨다. 그분은 현대 심리학과 사회학이 지나치게 학문적으로만 접근할 때 생기는 문제의 핵심을 외과 의사처럼 정확하게 파악하셨다. 실제 심리학과 사회학의 권위자들은 엘리트주의에 사로잡혀 지나치게 근시안적인 관점으로 현상에 접근하는 경향이 있다.

그렇다면 대체 어떻게 해야 사랑받는다고 확신할 수 있을까? 프란치스코 교황은 어떻게 사랑받지 못할 거라는 두려움을 극복했을까? 교황은 매우 차분하게 이러한 질문에 답해주셨다. 자신의 경험을 이야기하는 그분의 모습에서 필자는 일말의 불안감도 찾아볼 수 없었다. "저는 진정성을 통해 두려움을 극복했습니다. 진정성이 없으면 아무것도 할 수 없다는 사실을 깨달았기 때문입니다. 진정성이 없으면 이웃의 사랑도, 존경도 받을 수 없습니다. 저 역시 겉으로 드러나는 것을 중요시하는 사회 기류에 맞서기 위해 애썼으며, 저의 투쟁은 지금도 계속되고 있습니다. 그러기 위해 저는 제 모습을 있는 그대로 받아들였습니다. 그러면서 제가 계속해서 생각하는 어떠한 이미지가 있습니다. 자기 과시적인 사회의 근저에는 허영심이 있습니다. 허영심의 대표적인 상징이 무엇인가요? 공작새입니다. 공작새를 한 번 떠올려보십시오. 보통 공작새라고 하면 화려한 꼬리를 부채처럼 쫙 펴고 있는 모습을 떠올

미와 사랑처럼 유동적인 삶

립니다. 하지만 현실은 그렇지 않습니다. 공작새의 실상을 보고 싶으면 뒷모습을 보십시오. 허영은 양면적입니다. 여러분 자신을 구원하는 길은 진정성에 있습니다. 진정성이 있어야만 다른 이들의 존경을 받을 수 있기 때문입니다. 있는 그대로의 모습으로 사람들에게 존중받는다면, 여러분은 자신이 진정으로 사랑받고 있다는 사실을 느낄 것입니다. 사랑은 진정성의 결과이므로 사랑받는 것 또한 진정성의 문제입니다."
(프란치스코 교황과 토마스 레온치니 대담집 『갓 이즈 영 God Is Young』 중에서)

그렇다면 사랑받는다는 것은 무엇을 의미할까? 무엇보다도 사랑받는다고 느낄 때 우리는 '대가성 사랑amore premio', 즉 보상을 원하는 사랑에 대한 집착과 고통으로부터 자유로워진다. 우리는 종종 '나는 사랑받을 자격이 있는가. 나는 누군가의 사랑을 받기 위해 충분히 노력했는가'를 자문하곤 한다. '대가성 사랑'은 깊은 감정이 아니다. 자신도 모르게 순간적인 감정에 취해버리는 행위에 가깝다. 스트레스를 받은 후에 긴장을 풀고 힘을 내기 위해 강제적으로 휴식을 취하는 것이다. 그렇기에 진정 평온한 상태라고는 할 수 없다. 다른 이유로 스트레스를 받기 전에 잠시 쉬어가는 시간일 뿐이다. 대가성 사랑은 사랑에 대한 집착이다. 산소 대신 착각을 호흡하며 연명하는 행위일 뿐이다.

'대가성 사랑'을 원하는 사람은 끊임없이 인정과 사랑을 갈망하는 폭식증 환자에 가깝다. 이러한 감정에 의존하는 이들은 안정과 불안정 사이를 쉴 새 없이 오가다, 내성이 생겨 그러한 상태에 중독된다. '대가성 사랑'의 노예로 살아가는 사람들이 갈수록 늘고 있다. 이들은 자신이 사랑받지 못한다는 고통에서 벗어나기 위한 가장 쉬운 방법이 진정성과 타인을 받아들이는 태도, 그리고 사랑을 필요로 하는 사람들을 향한 열린 마음이라는 사실을 모른다. 이러한 요소들을 우리는 사회적 책임이라 부른다.

때로는 이타주의가 이기주의로부터 비롯되기도 하지만, 그것이 꼭 부정적인 것만은 아니다. 결과적으로는 이타주의를 행하는 주체와 그로 인한 혜택을 받는 객체가 모두 치유받기 때문이다. '이기주의'의 사전적 의미는 '자신에 대한 배타적이고 과도한 사랑 혹은 자신이 가진 특성에 대한 과대평가'이다. 이러한 성향을 지닌 사람은 일관되게 자신에게 유리한 것만 추구하고, 타인의 욕구를 자신의 욕구에 종속시킨다.

그렇다면 배타적이고 과도한 자기애나 자신에 대한 과대평가로부터 이타주의가 생길 수는 없을까?

진정성, 자기성찰, 자기 자신의 모습을 있는 그대로 받아들이고 뒤처진 이들을 위하는 태도는 인간이 사랑받고 있음을 느끼기 위해 필요한 요소들이다.

공동체에 속하고자 하는 욕구 역시 인정받고, 사랑받고 싶어 하는 인간의 욕구에서 비롯된다. 그렇다면 누군가가 자신이 속한 사회에 기여하려면 어떻게 해야 할까? 그것은 철저한 개인주의를 통해서만 가능한데, 이것이야말로 우리가 해결할 수 없는 액체 사회의 역설이다. 우리를 끊임없이 실수하

미와 사랑처럼 유동적인 삶

게 하고, 자유와 안전이라는 양립하기 힘든 두 가치 사이의 영원한 딜레마에 빠뜨린 역설이다.

자유와 안전은 반비례한다. 안전할수록 자유롭지 못하고, 자유로울수록 안전하지 못하다. 인간은 자유와 안전 사이에서 만족할 만한 균형점에 도달하기 위해 끊임없이 노력한다. '균형'이 곧 안정적인 상태, '평화로운 상태'라는 착각에 빠진다.

누군가를 '균형 잡힌 사람'이라고 할 때, 우리는 그 사람이 침착한 사람일 것으로 생각한다. 언제나 입가에 미소를 띤 채, 일상의 과도한 스트레스로 인해 솟구치는 충동을 이겨내는 사람일 것이라고 생각한다. 하지만 사실 '균형'은 매우 불안한 단어로서 '긴장을 유발하는' 단어, 아니 긴장 상태여야만 유지되는 상황을 나타내는 단어이다. 균형은 최소한 두 개 이상의 상반된 힘 사이에 형성된 긴장 상태를 가리키기 때문이다.

균형은 끊임없는 협상의 결과물이다. 여기서 중요한 것은 균형에 이르는 순간은 어느 한쪽의 힘이 완전히 사라진 상태가 아니라 양쪽 힘이 동시에 최고조에 이르는 상태라는 사실이다. 그제야 우리는 균형이 잡혔음을 느낄 수 있다. 그렇기에 자유와 안전이라는 이율배반적인 모순 앞에서 평화는 고작 커피 한 잔을 마시는 시간만큼만 지속될 뿐이다.

인터넷을 통해선 사랑을 경험할 수 없다

기술은 시간의 흐름을 가속화하고, 기술을 사용하는 이들로 하여금 자신이 결속력이 강한 사회의 일원이라는 착각에 빠지게 만든다. 이러한 기술의 특성 덕분에 인간은 '성급한 실수를 저지를 기회'를 얻는다. 실수는 목표 실현을 위한 필수 요소이다. 실수는 성공을 이루기 위한 과정이다. 연달아 실수하는 것은 고통스럽지만, 실수의 부작용은 성공으로 이어진다.

그렇다. 성공은 대부분 어떤 일을 이루기 위한 시도의 부작용에서 기인한다. 자크 아탈리Jacques Attali가 『미래의 물결』에 서술했듯, "인류의 삶에 핵심적인 역할을 한 수많은 발명품은 원래는 전혀 다른 목표를 달성하기 위해 공적 자금을 투자해 연구한 과학자들이 이루어낸 성과인 것이다".

문제는 끊임없이 변화하는 사회에서 우리가 추구하는 목표, 혹은 추구한다고 믿었던 목표의 정의마저 계속해서 재정립된다는 사실이다.

네트워크의 정의도 마찬가지다. 미디어 이론의 세계적인 권위자 데릭 드 커코브Derrick de Kerckhove는 "인터넷을 사용할 때, 인간의 뇌는 모니터 밖이 아니라 모니터 안에 있다"면서 그렇기에 컴퓨터를 끈 후에도 인간의 사고의 틀은 인터넷의 영향력 아래 남는다고 했다. 신세대가 거침없이 자기 목소리를 내는 데 익숙해진 것도 모두 인터넷 덕분이다. 인터넷은 불과 몇 분 전만 해도 불변의 진리라고 생각하던 사상을 뒤엎으면서 발전하고, 소모된다.

최근 들어 이러한 흐름이 뚜렷해지고 있는데, 이러한 상황 속에서 액체 세대는 지성과 특출한 능력으로 기존보다 더 '진보적인' 사상을 정립하는 대신, 기존의 사상을 재빨리 갈아치우는 능력을 더 높이 평가하게 되었다.

인터넷의 발달은 민주주의의 혁명을 일으켰지만 불행히도 최근에는 오히려 독재나 전체주의 체제와 유사해지고 있다. 과거에는 당연시했던 '세계와 공동체에 이바지하려는 의지'가 최근 들어 빠르게 '소셜미디어에 프로필을 만들려는 의지'로 대체되고 있다. 소셜미디어는 개인의 과시욕과 자기도취적인 분노를 최대치로 방출할 수 있는 공간이다. 무엇보다 디지털 영역을 침범하려는 '이방인'을 추방하고 제거할 수 있는 공간이다. 사람들은 디지털 영역에서라면 다른 이들이 자신의 고통에 공감해줄 것이라는 달콤한 환상에 빠지는데, 여기에는 '사랑의 아픔'도 포함된다. 그런 의미에서 SNS는 사랑받고 싶어 하는 인간의 본능을 정당화하기 위해 끊임없이 공동체의 욕구를 자극한다.

하지만 다른 한편으로 현대사회는 공동체라는 개념 자체를 부정하기 때문에, 상이한 현실 인식으로 인해 흔들릴 수밖에 없다. 이렇듯 현실을 전혀 다르게 인식하는 다양한 시선들은 지극히 개인적이고, 그러므로 주관적이다. 그리고 이러한 인식 차로 인해 사람들 사이에 상호 작용이 부재한 비장소 non-luoghi가 계속해서 생성되는 것이다. 이로 인한 실망감이 커진 결과 나타나는 것이 사이버 왕따, 가짜 뉴스, 온라인 헤이터와 같은 현상이다.

인터넷은 공동체가 아니라 네트워크를 만든다. 인간은 공동체에 속하지만, 네트워크는 인간에게 속한다. 누군가에게 속하면 불가피하게 그것을 소유하는 주체에게 구속될 수밖에 없고, 그로 인해 '오염'될 수밖에 없다.

인터넷을 사용하는 사람들의 고민은 제각각이다. 똑같은 고민은 하나도 없다. 인터넷 카페나 SNS에서 공유되는 고민은 물과 기름과 같아서, 절대로 하나의 '공동체' 안에 녹아들지 못한다. 고민의 형태와 색채가 어느 정도 유사할 순 있지만, 인터넷으로 고민을 공유하는 것은 결국, 불특정 대중에게 공개적으로 문제의 해결법을 묻는 개인의 절망적인 시도에 지나지 않는다. 개개인의 문제가 가지각색인 이유는 인간의 사고 틀은 환경의 영향을 받는데 이들이 전혀 다른 환경에 처해 있기 때문이다.

지그문트 바우만은 『글로벌 시민의 고독La solitudine del cittadino globale』에서 "한배를 타고 있는 동안에는 같은 탈출구를 이용하는 사람들 간에 공동체가 형성된다"라고 했다. 하지만 인터넷에서 배는 가상의 존재일 뿐이고, 풀어야 할 문제는 사적인 것이 아니라 전 우주적이다. 우리 앞엔 인터넷이 만들어낸 이 거대한 사회적 환상만이 존재할 뿐이고, 여기에는 사랑의 개념도 포함된다.

사랑의 필요성을 수용하는 것, 그것만이 유일한 치유

사랑을 갈구하는 것은 인간의 약점이 아니다. 사실 인간의 가장 큰 약점은 '살아 있다는 사실' 그 자체일 것이다. 약점이 없는 사람은 죽은 사람뿐이다. 생명이 붙어 있는 한 인간은 나약한 존재이다. 인간은 계속해서 무엇인가를 필요로 한다. 그 중에는 뚜렷이 정의 내리기조차 힘든 욕구도 있다. 인간은 이 세상에는 자신의 자리가 있으며, 본인의 의지 하에 현재를 통

미와 사랑처럼 유동적인 삶

제하고 미래를 설계할 수 있다고 믿지만, 사소한 돌발 상황만으로도 자신이 얼마나 연약한 존재인지 깨닫는다.

그렇기에 사람들은 위중한 병에 걸리거나, 가족이나 연인 혹은 가까운 지인의 죽음 앞에 자신을 되돌아본다. "이번 일로 건강이 최고라는 사실을 깨달았어." 살면서 누구나 한 번쯤은 이런 말을 들어보았을 것이다. 어떤 이는 이러한 경험을 통해 병에 걸리는 것이야말로 진정한 자아를 발견하고, 주변 사람들에게 사랑받는 것이 얼마나 중요한지 알게 되는 소중한 기회라고 생각한다.

이탈리아의 저명한 저널리스트이자 작가인 티치아노 테르차니Tiziano Terzani와의 인터뷰를 담은『무명의 아남 Anam il Senzanome』(마리오 자노트Mario Zanot 감독의 동명의 다큐멘터리를 정리해서 출간한 서적)에서 죽음을 눈앞에 둔 노년의 작가는 자신의 병이 축복이라고 한다. 테르차니는 병으로 인해 자신의 삶이 오히려 행복해졌다고 말한다. '똑같은 말을 반복하는' 소모적인 만남과 반복적인 일상 대신 현재를 충만하게 살고, 가족의 사랑을 통해 자신이 사랑받고 있다는 사실을 느끼면서 진정으로 중요한 것에 시간을 바칠 수 있게 되었다는 것이다.

그러니 예기치 않은 순간 찾아올 잠재적인 실망감 때문에 (광범위한 의미에서의) 사랑이 필요하다는 사실을 믿지 않는 인간이야말로 정말 나약한 존재다. 하지만 가장 확고한 개인주의자조차 기존의 신념이 뿌리째 흔들릴 정도로 커다란 충격을 받으면, 인간은 사랑을 갈구하는 존재라는 사실을 다시 믿게 될 것이다.

많은 사람이 사랑의 필요성을 뒤늦게, 생의 마지막 순간에 깨닫는다. 사랑받는 것이 얼마나 중요한지 깨닫는 것은 진정한 자아를 찾기 위한 결정적인 과정이다. 그러한 사실을 숨이 넘어가기 직전이 아니라, 아직 많은 것을 바꿀 수 있는 시간적 여유가 있을 때 깨달으면, 정말 중요한 일을 우선순위에 두고 그에 합당한 가치를 부여할 수 있지 않을까.

사회가 개인주의 중심으로 변화되면서, 사람들은 유동적인 것이 되어버린 사랑의 신실함과 진정성에 대한 믿음을 잃게 되었다. 그럴만한 이유가 없는데도 끊임없이 변화하고, 사회 구성원을 억압하고, 보이지 않는 글로벌 투기 세력에 의해 좌우되는 현대 시장주의 사회일수록 사랑받고 있다고 확신하고 싶은 마음에 끊임없이 사랑의 증거를 요구하는 사람이 많아지는 것도 그래서다.

이제 사랑의 언약만으로는 부족하다. 시장 상황에 따라 언약에 대한 믿음의 가치 역시 갈수록 낮아지고 있다. 그것은 상대방의 말을 못 믿어서가 아니다. '너를 영원히 사랑할 거야'라는 문장이 영화 전체를 아우르는 제목이 아니라 1부의 부제에 지나지 않는다는 사실을 사람들이 깨달았기 때문이다. 같은 논리로 '미안하지만 이제 너를 사랑하는 것 같지 않아'라는 문장 역시 사랑과 믿음이라는 자본으로 구축된 인간관계가 거래되는 중앙은행이 언제든 파산할 수 있다는 것을 의미한다.

시간이 갈수록 진정한 사랑을 찾으려고 부단히 노력하는

대신 (그러니까 사랑과 그로 인해 파생되는 모든 심리적 긴장감을 감내하는 대신) '사랑 따위는 필요 없다'라는 식의 태도를 보이는 이들이 늘고 있다.

지금으로부터 약 100년 전, 이성이 인간 사회를 지배하고 인간의 가치관이 견고했던 시대에 살았던 사람들의 삶과 죽음의 질은 여러 면에서 현재보다 뒤떨어졌다. 그때까지만 해도 지금처럼 의학과 기술이 발전하지 않았으니까. 당시로써는 혁신적이었던 마르크스와 엥겔의 사상에 따르면, 인류는 기존의 '사회적·전통적·제도적 관계에 내재해 있던 안전성'을 의학과 기술 발전 대가로 지급한 것이다.

사랑의 필요성, 더 정확히 말하면 자신이 사랑받고 있다는 감정을 느끼고 싶은 욕구를 인식하는 순간, 매우 중요한 개념이 새롭게 형성되는데, 그것은 바로 사랑을 갈구하는 것이 병이 아니라 그저 인간의 본성일 뿐이라는 사실이다. 그러니 인간은 더는 개인주의의 '신dei'이 아니라 갈수록 희미해지고 불안정하고 '사라져가는' 존재의 경계를 밟고 지나가는 행인일 뿐이다.

프란치스코 교황이 자주 언급하는 작가 중에 로마노 과르디니Romano Guardini 라는 철학자가 있다. 그런 철학자가 있다는 사실조차 모르던 내게, 교황은 그의 글을 읽어보라고 권하셨다. 과르디니는 『우울함의 초상Ritratto della malinconia』에서 "인간은 경계 선상에 있는 존재이다. 인간의 존재 의미는 경계 선상에 있는 삶에 책임을 지고, 끝까지 살아가는

데 있다. 그러한 인간은 현실이라는 토양에 뿌리를 박고, 잘못된 방식으로 섣불리 신을 믿게 되거나 자연과의 합일 사상에 현혹당하지 않을 것이다"라고 말했다.

과르디니는 진정 인간다운 태도는 '경계'에 의해 좌우된다고 했다. 그는 이러한 태도야말로 현실에 가장 알맞다고 보았는데 그러한 태도가 진실, 용기 그리고 무엇보다 인내를 바탕으로 하기 때문이다. 과르디니는 인간은 종종 멜랑콜리를 통해 이러한 사실을 깨닫는다고 보았다. 멜랑콜리는 자아 성찰을 촉진하기 때문이다(물론 건설적인 충동과 파괴적인 충동 사이의 긴장을 적당히 유지할 수 있다는 전제하에서 말이다). 그리고 그런 멜랑콜리의 특징이 바로 아름다움과 사랑을 통해 절대적인 존재와 조우하려는 욕망이다.

이러한 사상은 1920년대 말부터 논의되기 시작했으며, 『액체근대』의 관점에서 사랑과 아름다움을 논하다 보면 마주하게 되는 주제가 바로 유동적인 사랑과 유동적인 아름다움이다.

액체 세대에게 아름다움이란 늘 젊어 보이는 것!

젊음은 우리의 눈과 주름진 눈가에 있는 게 아니라, 시선 속에 있다는 사실을 우리는 점차 잊고 있다. 현대인은 타인의 눈빛을 관찰할 뿐, 그 시선 속에 담긴 의미를 파악하는 데는 익숙하지 않다.

현대사회의 아름다움은 곧 젊음이다. 그것은 가시적이고 측정 가능한 특징이 아니라 잠재적인 특징이다. 잠재적인 것은 더 좋아질 수 있음을 뜻하지만, 그것은 아주 짧은 순간일 뿐이고, 그런 순간은 다시는 반복되지 않을 것이다.

아름다움은 인간이 실현해야 할 이상이지만, 미래에서만 실현 가능하다. 오늘날 미는 젊음을 확장하고 무한한 것으로 만들었다. 아름다운 20대 여성들은 '유동적인 미의 기준'을 충족하기 위해 성형수술을 받고 그로 인해 자기 나이보다 십 년은 더 연상으로 보이게 해서 훨씬 매력적인 외모를 가지게 된다. 갑자기 '성숙한 여성'이 되는 것이다.

그렇다면 왜 이러한 현상이 나타나는 것일까? 그것은 십 년이 지나도 똑같은 미모를 유지할 것이라는 확실성'에 대한 환상 때문이다. 이들은 그 시절로 다시는 돌아갈 수 없으리라는 생각에, 무의식적으로 인생의 가장 순수한 시간을 빨리 지나가게 만들어버린 것이다. 지나간 시간을 숭배하는 '레트로토피아retrotopia'의 속임수에 속아 넘어간 것이다. 요컨대 이들은 미래에도 늘 젊어 보이기 위해서, 현재와 미래를 맞바꿔 '잠재성'의 세계 속에 살기로 선택한 것이다.

르네상스 시대처럼 정확한 미의 기준이 생긴다면 시장도, 그 시장의 가장 열정적인 먹잇감인 여성도 사라질 것이다. 그 결과 시장은 마비되고 붕괴할 것이다. 그것은 시장의 유일한 목적이 충족 불가능한 욕망을 끊임없이 생성하는 것이기 때문이다. 아름다움이 한시적인 것이 되자 공간보다 시간이 중요해졌다. 아름다움은 이제 육체적인 것이 아니라 심리적 욕망일 뿐이다. 변동성은 아름다움의 가장 뚜렷한 특성이자 가장 끔찍한 형벌이기도 하다.

미국 온라인 미디어 《버즈피드BuzzFeed》는 최근 「여성의 이상적인 몸매 변천사」라는 흥미로운 영상을 공개했다. 이 영상은 역사적으로 여성에 대한 미적 기준이 어떻게 변했는지 보여주기 위해 제작되었다. 영상에 나오는 '포스트모던 시대'가 '유동적인 아름다움의 시대'에 해당한다. 영상 내용을 요약하자면 다음과 같다.

고대 이집트 시대 미녀(기원전 1292-1069년): 가녀린 몸매와 좁은 어깨, 긴 허리, 대칭적인 얼굴의 소유자. 고대 이집트 시대는 혼전 성관계도 용인될 정도로 성적으로 자유분방했다. 이집트 여성들은 남편과 상관없이 독립적으로 재산을 소유할 수 있었으며, 당당하게 이혼할 수 있었다. 부모나 남편의 직위를 물려받을 수 있었기에 파라오도 될 수 있었다. 대칭형의 얼굴을 돋보이게 해주는 길게 땋은 머리가 여성미의 핵심이라고 생각했으며, 눈 주위에 진한 카잘(눈 주위에 바르는 까만 화장품)을 발랐다.

고대 그리스 시대 미녀(기원전 500-300년): 육감적이고 통통한 몸매에 전체적으로 피부색이 밝은 유형. 고대 그리스인들은 여성의 몸이 남성의 몸에 비해 불완전하다고 생각했다. 거대한 가슴과 통통한 엉덩이는 불완전함의 증거였다. 남성의 육체가 여성의 육체보다 이상적이라고 생각했기 때문에 완벽한 몸매를 유지하기 위해 몸매를 관리하는 데 여자보다 남자가 더 신경을 썼다.

피렌체 대학에서 의학사를 가르치는 도나텔라 리피Donatella Lippi는 독일 월간지 《포커스》지에 게재한 기고문에서 "고대 사회에서 날씬한 몸매는 곧 병들었음을 의미했다. 그에 반해 비만은 부와 건강의 뚜렷한 상징이었다"라고 했다.

고대 그리스 시대에 누드는 예술의 흔한 소재였지만, 여성 누드 화나 누드 조각은 신체를 부분적으로 가렸다. 예술적으로 중요한 최초의 여성 누드 조각상은 크니도스의 아프로디테 전신상인데, 당시 미적 기준을 증명하듯 살집이 있다.

한나라 시대 미녀(기원전 206-서기 220년): 가는 허리와 창백한 피부, 큰 눈과 작은 발의 소유자. 중국은 고대부터 가부장적인 사회여서 여성의 사회적 역할과 권리가 제한적이었다. 한나라 시대 미인상은 날씬하고 가냘픈 여성이었다. 긴 까만 머리에, 붉은 입술, 새하얀 치아와 사랑스런 걸음걸이가 당시 미인의 조건이었다. 특히 작은 발은 그 후로도 수백 년간 미인이 갖추어야 할 필수 조건이었다.

이탈리아 르네상스 시대 미녀(15-16세기): 풍만한 가슴, 통통한 몸매와 펑퍼짐한 엉덩이, 하얀 피부를 가진 여성. 르네상스 시대 이탈리아는 지극히 가부장적인 가톨릭 국가였다. 여성이라면 덕이 있어야 한다는 가르침을 받았고 공공장소뿐 아니라 가정에서도 남녀가 내외해야 했다. 여성의 가치는 그 대상이 신이건, 아버지건, 남편이건 간에 철저히 남성과의 관계를 기준으로 결정됐다. 당시에는 여성의 행동과 외모가 남편의 사회적 지위를 반영한다고 생각했다.

영국 빅토리아 시대 미녀(1837-1901년): 전체적으로 통통하지만 단단한 몸매. 살집이 있지만 뚱뚱하지 않고 육감적인 여성으로 얇은 허리가 중요한 미적 기준이었다(여성들은 이상적인 몸매를 만들기 위해 코르셋을 입었다). 빅토리아 시대는 기나긴 빅토리아 여왕의 재위 기간과 거의 일치한다. 빅토리아 여왕은 젊은 나이에 왕위에 올라 결혼을 하고 자녀를 낳은 시대의 아이콘으로, 당시 사회적 미덕인 친근함, 가정, 모성애의 완벽한 상징이었다.

1920년대 미녀: 작은 가슴, 일자 허리, 보브 스타일의 단발머리를 한 보이쉬한 매력의 여성. 도덕적 잣대가 엄격했던 빅토리아 시대가 저물고, 중산층 가정 모델의 근본적인 변화기였던 1800년대 말부터 이상적인 여성상도 바뀌면서 모성애와 거리가 먼 호리호리한 몸매가 각광 받았다. 1920년에 미국에서 여성 투표권이 인정되는데, 이 사건은 그 후 십 년간 미적 기준에도 큰 영향을 미쳤다. 당시 미의 기준을 한마디로 표현하자면, 바로 '자유'다. 1920년대 여성들은 허리선을 낮추고, 브래지어로 가슴을 납작하게 만든 유니섹스 스타일의 옷을 즐겨 입었다. '질풍노도의 1920년대'의 이상적인 여성의 몸매는 굴곡이 없는 소녀 같은 몸매였다.

할리우드 전성기 미녀(1930~1950년): 가슴이 풍만하고 허리가 잘록한 볼륨 있는 모래시계 같은 몸매의 소유자. 할리우드 전성기의 대표적인 미녀로는 메릴린 먼로가 있다.

화려한 1960년대 미녀: 키가 크고 호리호리하며, 가늘고 긴 다리를 가진 빈약한 사춘기 소녀 같은 몸매의 소유자. 60년대는 여성 해방운동의 전성기였다. 여성 취업률이 기록적으로 증가했고, 피임약 사용이 보편화됐다. 《포커스》지에 따르면 최초로 가녀린 몸매의 유행을 선도한 것은 오스트리아의 엘리자베스 황후(1837-1898)였다고 한다. 시시 공주principessa Sissi라는 애칭으로 더 잘 알려진 엘리자베스 황후는 발목까지 내려오는 길고 풍성한 밤색 머리를 가진 불안한 영혼의 미녀였다. 개미처럼 잘록한 허리를 유지하기 위해 달걀흰자를 풀어서 약간의 소금만 넣고 먹는 등 자신만의 식단 관리를 했으며 다양한 스포츠 활동을 (특히 지쳐 쓰러질 때까지 승마를) 했다. 그뿐만이 아니라 궁중에서 황후를 보필하는 귀족 아가씨들까지 매일같이 몇 시간이고 자신과 함께 산책하게 했다. 마른 몸매에 집착했기 때문에 영화배우 그레타 가르보나 중성적이고 삐쩍 마른 60년대 톱모델 트위기보다 수 세기 앞선 거식증계 미녀의 선조로 불린다.

1980년대 슈퍼모델 시대 미녀: 운동선수 같은 건강미 넘치는 몸매. 날씬하지만 굴곡 있고 팔에 잔 근육이 잡힌 몸매의 소유자. 이 시기에는 키가 미인의 기준에 중요한 요소가 된다. 제인 폰다로 인해 시작된 에어로빅 열풍에 힘입어 많은 여성이 '건강미'를 추구하게 되었다. 톱모델 신디 크로포드와 같이 큰 키에, 날씬하고, 운동선수처럼 단단한 몸매로 긍정 에너지를 발산하는 여성이 이상적인 미인상에 부합한다. 이 시기에 거식증 환자가 급격히 늘어나는데, 전문가들은 이러한 현상이 운동을 일상화한 사람들의 갑작스러운 증가와도 관련이 있다고 보았다.

마약 중독자처럼 보이지만 시크한 매력의 1990년대 미녀: 깡마르고 투명한 피부에 중성적인 외모의 소유자. 90년대 트렌드는 물질주의가 정점을 찍었던 80년대와는 다른 양상을 보인다. 마약 중독자처럼 비쩍 마르고 창백한 케이트 모스가 90년대 미의 아이콘이다. 실제로 90년대 마약 흡입자가 늘어났고, 1997년 클린턴 대통령은 이러한 현상을 헤로인 시크heroin chic라고 정의 내렸다.

2000년대 이후 포스트모던 시대의 미녀: 2000년대 여성들은 까다롭고 다양한 미의 조건을 모두 충족해야 한다. 날씬하되 건강하고, 가슴과 엉덩이는 풍만하되 뱃살은 없어야 한다. 현대 여성들은 수많은 조건을 충족하기 위해 결국 성형수술의 힘을 빌린다. 한 조사에 의하면 30대 이하 여성 중에서 엉덩이 확대 수술을 받거나 예쁜 셀피를 찍고 싶어서 성형수술을 받은 여성이 최근 몇 년간 대폭 증가했다고 한다.

아름다움도 지성의 한 갈래

'아름다운 것이란 보기 좋은 것이다'라는 말이 있다. 정의 내릴 수 없는 새로운 아름다움에 끊임없이 이끌리는 인간의 성향을 볼 때, '보기 좋은 것'은 시장과 그 시장이 세계 정복을 위해 사용한 도구, 즉 세계화의 영향을 받았다는 사실을 알 수 있다.

세계화가 막 시작된 1968년, 한나 아렌트Hannah Arendt는 "인류 역사상 처음으로 모든 민족이 똑같은 현재를 살게 되었다"라고 말했다. 지금은 그때보다 한 단계 더 나아가 불평등, 쓰레기, 관료주의, 무관심과 분노까지 세계화가 되고 말았다.

미와 사랑처럼 유동적인 삶

실제 현대인은 유전자와 외모마저 세계화하기를 바라는 것 같다. 1995년생 지지 하디드는 세계에서 가장 몸값이 높은 톱모델이다. 지지 하디드는 고전적인 미모 덕분에 여성들에게 특히 인기가 많다. 그녀의 가족 관계는 매우 흥미롭다. 지지 하디드의 어머니는 네덜란드 출신의 전직 모델 욜란다 하디드(본명 반 덴 헤릭)이며 아버지는 팔레스타인계 미국인 출신의 부동산 개발업자인 모하메드 하디드이다. 형제로는 남동생 앤워 하디드와 언니처럼 모델로 활동하는 여동생 벨라 하디드가 있다. 부모님의 이혼으로 아버지 쪽 의붓자매 둘과 뮤지컬 제작자인 양아버지 데이비드 포스터가 데리고 온 의붓형제 다섯이 있다.

지지 하디드는 전형적인 액체 세대이다. 부모만 봐도 그러한 사실을 알 수 있다. 그들의 관계와 그에 따른 감정 변화는 증발하고, 액체화되었다가 다시 증발하고 또다시 액체화되기를 반복했다. 그녀는 소비주의 사회의 불안한 관계에서 태어난 자식이며, 그녀를 낳은 사회는 한시적이나마 그녀를 새로운 비너스로 만들었다.

현대사회에서 미의 기준은 세계화로 인해 재정립되었으며 '독창성'이라는 지점에서 접점을 찾는다. 지리적으로 극과 극에 있는 장소에서 온 사람들은 이러한 독창성을 통해 쉽게 복제할 수 없는, 한시적이지만 새로운 기준의 미적 총합체를 만들어낸다. 그리고 그 결과 자식은 전 세계적으로 남녀 관계가 초래한 가장 뜻깊은 의미로 인식될 것이다.

아름다움은 웹web이 장려하는 지성, 즉 하이퍼텍스트적인 지성에 순응하고 있다. 여기서 하이퍼텍스트스적인 지성이란 전혀 관련이 없는 요소들 간에 맥락을 부여하여 연관성을 만들어내고 거기서 새롭고 가변적인 가치를 창출하는 인간의 능력을 의미한다.

20세기의 위대한 심리학자 장 피아제Jean Piaget는 다음과 같은 의미심장한 말을 남겼다. "지성은 인간이 환경에 적응하는 능력이다." 끊임없이 아름다움을 추구하는 현대인의 심리는 누구나 부러워할 만한 훌륭한 외모를 이용해 환경에 적응하려는 욕망을 내포한다. '약간의 경제적인 희생만으로 다른 사람보다 아름다워지고, 더 많은 기회를 얻을 수 있는데, 왜 원치 않는 외모 때문에 괴로워해야 하는가'라고 생각하는 사람들이 늘고 있다. 최근 들어 가히 전투적으로 세련되고 아름답게 외모를 개선하려는 사람들이 늘고 있는데, 이러한 현상에는 단순한 유행 이상의 의미가 있다. 그것은 더 좋은 기회를 얻기 위한, 즉 현대사회에 적응하기 위한 경쟁이다. 그리고 그 결과 성형수술을 통해 아름다워지려는 욕망은 역사상 처음으로 개개인의 지성에까지 영향을 미치게 되었다.

하이퍼텍스트적 지성으로 돌아가 보자. 아마존의 창업자 제프 베이조스는 어떻게 세계 최고의 부자가 되었을까? 그는 새로운 콘텐츠를 창조해낸 것이 아니다. (사실 콘텐츠라고 하는 것은 쓱 한 번 훑어보면 파악할 수 있는 것 아닌가!) 대신 그는 기존 콘텐츠들을 연결해 새로운 소비 형태에 적합하게 융합하여 콘텐츠가 사용되고 버려지는 시간을 줄였다.

몇 년 만에 억만장자가 된 다른 인터넷 기업 대표들처럼, 베이조스 역시 하이퍼텍스트적 지성을 최대로 활용했고, 그 결과물을 빠른 문제 해결을 통해 시간을 절약하기를 원하는 이들, 즉 전 인류에게 제공했다.

아름다움도 이와 비슷한 과정을 거친다. 의도하지는 않았지만, 하디드 자매의 부모는 네덜란드와 팔레스타인을 융합해 누구나 인정할 수 있는 새로운 미적 기준을 만들어냈다. 현대사회에서 하이퍼텍스트적 지성으로 부를 축적한 것은 기업인들만이 아니다. 과거의 위대한 작가들도 하이퍼텍스트적 지성을 이용했다. 대표적인 예가 사랑 소설의 걸작으로 손꼽히는 괴테의 『친화력』이다. 이 소설은 제목만 봐도 하이퍼텍스트적 지성을 연상시킨다. 실제로 '친화력'은 화학 용어로, '원자들이 서로 결합하여 새로운 물질이 형성되는 경향'이라는 사전적 의미가 있다.

이 놀라운 소설에서, 괴테는 화학을 사랑의 심리에 적용해 주인공들을 불가항력적인 화학 법칙의 영향 아래 잡아둔다. 이 소설에서 원래 부부였던 에두아르트 A와 샬로테 B는 각각 에두아르트의 친구인 매력적인 대위 C와 샬로테의 질녀인 젊고 매혹적인 오틸리에 D에게 흔들린다. 그들이 에두아르트의 저택에 도착하자 원래 커플이었던 A-B의 결합이 깨지면서 A-C, B-D의 결합이 형성되었다가, 몇 주 만에 다시 A-D, B-C 결합이 형성된다. 그로 인해 주인공들은 격렬한 감정적인 동요를 겪고, 혼돈 끝에 예기치 않았던 새로운 기준이 형성되고, 그로 인해 죽음, 영원한 신념, 분별력에 따른 구원을 제외한 기존의 모든 가치가 흔들린다.

부러움에 빠진 세계, 이웃을 부러워하다

한 대학 교수가 위스키 한 잔을 홀짝이다 우연히 병을 문지르자 작은 요정이 나타나 소원을 들어주겠다고 했다. 요정은 교수에게 무엇이든 한 가지 소원을 들어주겠노라고 했다. 온갖 호사를 상상하던 교수는 소원의 조건을 듣는 순간 꿈에서 깨고 말았다. "무엇을 빌던 당신에게만 소원을 이루어주지는 않을 거예요. 옆 방에 있는 당신의 친구이자 동료 교수는 당신이 받은 것의 두 배를 가지게 될 거예요. 예를 들어 당신이 포르쉐를 원하면, 당신 친구는 포르쉐 두 대를 가지게 되겠죠. 당신이 노벨상을 받고 싶다고 하면, 당신 친구는 노벨상을 두 번이나 받을 겁니다." 그 말에 교수는 한 시간 동안 입을 열지 못했다. 그는 안절부절못하며 방안을 거닐다 연거푸 담배 스무 개비를 태우고 자리에 다시 앉았다. 기다리다 지친 작은 요정이 어서 대답하라고 재촉하자 교수가 사뭇 비장하게 외쳤다. "좋아, 결정했어. 내 한쪽 눈을 멀게 해줘!"

인터넷이 보편화될 무렵 미국 대학가에 유행한 이야기인데, 지금은 이 이야기가 시사하는 바가 사뭇 다르게 느껴진다. 몇 년 전까지만 해도 교수의 동료 교수는 대학가에 뿌리를 내리고 있었지만, 지금은 어디에나 있다. 그뿐만이 아니다. 물질적·도덕적인 자기과시가 언제 어디서나 경쟁적으로 일어나고 있다. 페이스북, 틱톡, 스냅챗에 가입하지 않은 사람이라도 적어도 왓츠앱이나 텔레그램에는 가입했을 테니까. 와이파이는 인터넷 속도에 혁명을 불러일으켰고, 그 결과 시간이 공간을 정복하게 되었다. 그리고 무엇보다 부러움이 전 세계에 확산되는 시간을 가속화했으며, 물욕과 감정적인 허영심을 자극해 사람들의 눈높이를 계속해서 높여 놓았다.

타인의 사랑을 받으려면 우선 자기 자신을 사랑해야 하고, 누구에게나 최대한 매력적으로 보여야 한다. 그러기 위해서 타인뿐 아니라 SNS에 로그인할 때마다 자신의 사진을 보거나 (혹은 적어도 기억하거나) 자신을 생각하며 (자신을 관찰하고 평가하는 타인의 시선인) 카메라 앞에서 기꺼이 미소 지을 수 있어야 한다.

SNS 상으로는 세상 모든 사람이 행복해 보이지만, 현실은 그렇지 않거나 부분적으로만 그렇다. 이러한 사실은 이들에게 사랑받으려면 자기 자신부터 사랑해야 한다는 사실을 다시 한번 증명한다. 이 주제가 나온 이상 또 하나의 근본적인 패러다임, 즉 '액체 세대의 미'에 대해 언급하지 않을 수 없다. 이는 현대사회가 불안정하고 정확하게 정의 내리기 힘든 새로운 표준을 통해 정교하게 만들어낸 패러다임이다.

'액체 세대의 미'에는 확실한 미적 기준이 없다. '유동적인 아름다움'은 지속적으로 변화하며 유행하는 아름다움의 평균치에 더 가깝다. 그렇기에 시시각각 변화하며, 전 세계 성형외과 전문의들의 주머니가 두둑해지는 것이다. 이는 곧 많은 이가 갈망하는 아름다움이 결국 불가능한 아름다움이라는 사실을 의미한다. 그리고 바로 이 지점에서 '시장 논리'가 다시금

대두된다. 시장은 결코 실현되지 않을 욕망을 중심으로 형성되었고 무엇보다 이러한 시장의 기준에 부응하고 싶어 안달이 난 사람들의 지출 덕분에 유지되고 있다.

불안정하고 가변적인 현대사회에서, 지금 이 순간에도 유동적인 아름다움의 원형을 움직이는 것은 사랑의 논리가 아니라 선망의 시장 논리이다. 시간이 갈수록 우리는 부러움이 초래한 글로벌 전쟁과 공존하는 데 익숙해져 가고 있다. 이 전쟁은 전혀 다른 분야에서 지엽적으로 일어나지만, 그 시발점은 거의 항상 SNS상의 볼거리 때문이다(과거에는 TV가 선망의 세계화와 유통을 담당했지만, 인터넷에 비하면 훨씬 수동적이고 느린 데다가 상호작용도 할 수 없다. 하지만 지금은 인터넷으로 인해 불과 몇 년 전까지만 해도 상상할 수 없을 정도로 선망의 유통속도가 빨라졌다). 그리고 SNS를 통해 선망은 모든 집에 침투할 수 있게 되었다.

부러움을 느끼는 감정은 소비자에게는 가장 흔하고 치명적인 병이지만, 새로운 제품을 판매하려는 이들에게는 축복이다. 덴마크 철학자 쇠렌 키르케고르Søren Kierkegaard는 선망이란 은밀한 감탄이라고 미화했다. 하지만 부러움을 느끼는 이는 타인의 삶보다 자신의 삶을 훨씬 잘 안다. 그것은 선망의 기본적인 생존 조건이다.

일부 심리학자들은 선망이란 꼭 부정적이기만 한 것은 아니라고 주장한다. 청소년의 경우, 경쟁심을 자극해 발전하는 계기가 될 수 있기 때문이다. 청소년들은 선망으로 인한 경쟁심을 통해 집단 정체성을 형성하고, 닮고 싶고 아직은 자신도

미와 사랑처럼 유동적인 삶

그렇게 되는 것이 가능하다고 생각하는 롤모델을 따라 한다.

그렇다면 과연 청년들은 어떤 사람들을 볼 때 따라 할 수 있다고 생각할까?

물질주의 사회에서 SNS에서 성공을 거두거나, 대중적인 호응을 얻은 '삶의 모델'은 대부분 따라잡을 수 있을 것처럼 보인다. 타고난 재능이 너무 뛰어나서 부러워할 수조차 없는 사람은 찾아보기 힘들다. 웬만하면 노력해서 이룰 수 있고, 외모도 기술의 힘을 빌려 따라잡을 수 있다.

그렇기에 '왜 저 사람은 부자인데 나는 그렇지 못한 거지? 왜 저 사람은 유명한데 나는 그렇지 않은 거지?'라는 부러움이 오히려 더 강력하게 유발되는 것이다. 최근 SNS에서는 남녀 스타의 성형수술 전후 비교 사진을 게시한 포스트를 쉽게 찾아볼 수 있다.

그 아래 달린 수천 개의 댓글을 보면 대부분 비웃거나 조소하는 내용이지만, 그 저변에는 그 같은 기회가 약간의 부러움으로 댓글을 쓰고 있는 자신이 아니라 다른 이에게 돌아갔다는 사실에 대한 은근한 짜증이 있다. 20년 전만 해도 사람들은 (스타를 데뷔하게 해준) 인맥을 질투했지만, 이제는 돈과 용기가 질투의 대상이 됐다. 우리는 선망을 물질화했다.

그렇다. 사람들은 스타가 차지하고 있는 자리를 부러워하는 것이 아니라, 그 또는 그녀가 자신의 유동적인 아름다움을 위해 투자할 돈이 있었다는 사실을 부러워한다. 대중과 제작자들이 좋아할 만한 유동적인 아름다움을 실현할 수 있는 부를 부러워한다. 하지만 증권 투자와 마찬가지로, 이렇게 실현된 아름다움은 예상보다 훨씬 불안정하다. 다시 말하자면, '흠결 있는 소비자들의 보복자', 즉 액체 사회 젊은이들에 의해 새롭게 '신성한 인물'로 선정된 성형외과 의사가 만든 이미지에 지나지 않기 때문이다. 성형외과 의사는 돈을 대가로 짧은 기간에 원하는 사람은 누구나 액체 사회의 미적 기준과 정확하게 일치하는 '성실한 소비자'로 만들어줄 수 있다.

바우만은 "흠결 있는 소비자들은 자기도 모르는 새 언제든 범죄자가 될 수 있다"라는 말을 종종 했다. 이 문장의 이면에는 유동적인 아름다움에 순응하지 않으면 사회로부터 버림받을 것이라는 확신이 있고, 이러한 확신은 특히 젊은 세대 사이에 팽배하다. 이들은 소비자로서, 그리고 소비를 중심으로 하는 사회의 구성원으로서 자격을 박탈당하고 그들이 가장 닮고 싶어 하는 사람들에게 외면당할까 봐 두려워한다. 이렇게 버림받은 이들은 결국 낙오자가 되고 만다. 스스로를 무능력하고, 뒤처진 사람이라고 생각한다. 주변 사람들, 자기보다 뛰어난 사람들이 걸리적거리는 사람들을 밀쳐내고 저 멀리 달려나가는 동안 자신은 다리가 마비된 채 길 한 가운데 서 있다고 생각할 것이다.

　이러한 현상은 확실히 위험하지만, 그렇다고 유동적인 아름다움에 부합하기 위해 성형수술을 받는 이들의 책임은 아니다. 굳이 '책임'을 찾자면 이상과 가치가 절대적으로 부재한 상태 자체이고, 우리 모두 이러한 현상의 피해자이다. 우리는 원칙이 부재하고 과거와의 연결 고리가 끊어진 사회

　　　　　　　　　　　　미와 사랑처럼 유동적인 삶

에 살고 있다. 현대사회는 갈수록 근본이 없어지고 있으며, 현대인은 눈앞의 이익에 대한 집착을 해소하며 살아가는 삶이 모든 문제의 해결책이라고 생각한다.

요즘은 생존을 위해서 아름다움에 투자해야만 한다는 사실이 당연하게 받아들여지고 있다. 그렇지 않으면 사회에서 버림받기 때문이다. 아름다움도 (특히 SNS에 올려 다른 사람들과 공유해야 할 아름다움은) 다른 소비재처럼 살 수는 있지만, 대대적인 수술을 받으려면 돈도 필요하고 용기도 필요하다.

이러한 사실을 증명하는 사진은 수도 없이 많다. 지금 제일 잘나가는, 가장 아름답고 대중에게 사랑받는 스타를 골라 인터넷에 그녀의 '비포 앤 애프터'를 검색해보자. 그러면 유동적인 아름다움의 현주소가 어디인지 월스트리트의 주식처럼 정확한 견적이 나올 것이다.

스타들의 '비포 앤 애프터' 사진을 들고 성형외과를 찾아 최신 유행하는 아름다움과 최대한 비슷하게 해 달라고 요구하는 이들도 늘어나고 있다. 페이스북 설립자의 성공적인 아이디어를 질투하는 사람은 거의 없다. 대다수 사람은 원하는 때, 원하는 장소에 있는 사람들을 더 부러워한다. 그것은 그들이 만들어내거나 타고난 것이 아니라 성형수술이나 좋은 집안처럼 외적인 요인에 의해서 조성된 조건이기 때문이다.

그러다 보니 날이 갈수록 이성적인 기준이 부재한 불안정한 아름다움에 순응할 수밖에 없게 되는 것이다. 이러한 미를 추구하는 이들은 유동적인 아름다움을 좇는 것만이 자기애를 정당화할 수 있는 유일한 방법이라고 생각한다. 자기애가 있는 사람만 타인에게 사랑을 요구할 수 있기에, 현대사회의 정형화되지 않은 미적 기준은 (남자든 여자든) 반드시 채워야만 하는 사랑의 빈 공간을 중심으로 형성된다.

지성을 대신하는 아름다움

심리학자 페터 셸렌바움Peter Schellenbaum은 그의 저서 『사랑받지 못한 이의 상처La ferita dei non amati』에서 인간의 정체성은 "명확히 정의 내릴 수 없는 생명의 충동, 현실과 환상이 뒤엉킨 욕망 속에 있다"라고 했다. 뒤이어 그는 독일 철학자 페터 슬로터다이크Peter Sloterdijk의 『냉소적 이성에 대한 비판Critica della ragion cinica』에 나온 문장을 인용한다.

"지성은 시간의 흐름 속에서 오고 가는 것 사이의 모순을 지배하고자 한다."

비슷한 맥락에서 현대적인 기준에 부합하는 아름다움, 즉 액체적인 아름다움 역시 지성처럼 사랑의 모순을 지배하려 한다. 사랑받기 위해서, 무엇보다 자기 자신을 사랑하기 위해서는 '그만큼 아름다워야 한다는 사실'을 인식하고 있기 때문이다. 아름다워지기 위해 노력하는 과정은 여러 면에서 사랑을 찾는 과정과 비슷해지고 있는데, 이는 결국 아마존이나 상점에서 원하는 물건을 할인된 가격에 구매하는 것과 별반 다를 것이 없다. 인간은 끊임없이 물건을 버리고, 다시 만들어내고, 새로운 소비 형태에 맞게 재구성하다, 욕망의 눈에 더는 매력적으로 보이지 않으면 폐기해버린다.

요즘 미적 기준도 '결코 만족하지 못하는' 심리를 기반으

미와 사랑처럼 유동적인 삶

로 형성되는데, 이로 인해 가장 큰 혜택을 보는 것이 바로 성형 시장일 것이다. 사람들은 하루도 빠짐없이 SNS에 포스트를 올리고 수백 개의 '좋아요'를 받는 인플루언서들과 자신의 외모를 비교한다. 인플루언서들은 그들 나름대로 어떡하든 매력을 유지해 바짝 뒤쫓아오는 새로운 경쟁자들에게 추월당하지 않으려고 애를 쓴다. 비록 그들의 그러한 노력이 하루 이상 유효하지 않더라도 말이다.

오늘날 미는 액체 사랑처럼 끊임없이 인정받기를 원한다. 소유욕에 구속된 미와 사랑 사이에는 뚜렷한 유사성이 있다.

사랑하는 대상을 '소유'해야만 사랑받고 있음을 느끼는 사람은, 애정의 대상이 완전히 자신의 소유임을 끊임없이 확인하지 않으면 안심할 수 없다. 사랑하는 대상을 통해서만 자신이 사랑받고 있다는 사실을 확신할 수 있기 때문이다. 하지만 소유욕은 시간의 노예이다. 정황상 명확한 증거가 없는 한, 어떠한 대상이 자신의 소유라는 완전한 확신을 가지기 힘들기 때문이다. 아름다움 역시 지속적인 '감시 대상'으로 전락하고 말았다. 현대사회에서는 아름다움마저 소모되면 물건처럼 폐기되기 때문이다.

얼마나 많은 사람이 나이와 성별에 상관없이 아침마다 거울을 보며 얼굴에 늘어난 주름을 확인하는가. 이들은 매일 욕실 문을 걸어 잠그고 몸무게를 재고, 처진 뱃살을 만져본다. 밤새 얼굴이 어떻게 변했는지 살핀다. 가볍기 짝이 없는 행동이라고 생각할 수도 있겠지만, 사실 꼭 그렇지도 않다. 이들이 현대사회의 피상성을 이해했다고도 볼 수 있기 때문이다.

그렇기에 이들의 행동은 생존본능의 일환이라고 할 수 있다.

현대인은 모든 일에 대한 기다림을 단축했고 여기에 익숙해졌지만, 그로 인한 대가도 있다. 어떠한 대상을 소유할 수 있는 시간도 짧아질 수밖에 없기 때문이다. 그리고 아름다움 역시 여느 '소유 대상'과 다르지 않다.

아름다움은 사라질 수는 있지만 훔칠 수는 없다. 하지만 인간의 모든 소유 대상은 끊임없는 도난의 위험에 노출되어 있다. 실제로 CCTV 제조사들을 갈수록 저렴한 가격으로 제품을 출시하며 소비자들을 유혹하고 있다. 온갖 선전을 통해 우리가 도둑과 강도들로부터 안전하지 않다는 사실을 강조하고 있다. 이들이 우리에게 보내는 메시지는 분명하다.

"현대사회는 공동체가 아니라 철저한 개인주의 사회이다. 그러므로 (세상 사람들로부터 잊히기 일보 직전인 한 개인에 불과한) 당신은 24시간 내내 감시의 대상이 되어야 한다. 그래야 이 통제 불가능한 사회로부터 안전을 보장받을 수 있다."

이것이 바로 전통사회의 공동체가 AI로 대체되는 과정이다. AI는 인간의 통제하에 있기에 인간을 배신하지 못한다. 마음에 들지 않으면 스위치만 끄면 그만이니까(적어도 아직까지는). CCTV 제조사들의 광고 문구 속에 녹아든 메시지는 매우 명확하며 시장 친화적이다. 맹목적인 개인주의 숭배 사상으로 인해 공동체를 버린 대가로 안전을 박탈당한 현대인의 배신감이 거대 자본을 움직이기 때문이다.

미국의 주요 시장 조사 업체 마켓 리서치 퓨처Market Research Future는 도난방지 기기 시장이 2023년에 역사상 최고 판매량을 기록할 것으로 예상했다.

프랑스에 본사를 둔 시장 조사 업체 입소스Ipsos 역시 사람들은 건강보다 안전 문제에 더 민감하며, 도난 방지를 위해 수천 유로 정도는 선뜻 지급할 용의가 있다는 조사 결과를 발표했다. 이탈리아인 4명 중 3명은 집에 도난방지기와 CCTV를 설치했다. 미국 매체《시큐리티 세일즈 앤 인터그레이션 Security Sales & Integration》지에 따르면, 미국의 CCTV 시장은 2024년까지 최대 20% 성장할 것이라고 한다.

도난방지 시스템과 감시 카메라처럼 이론상으로나마 잠시 안전을 보장해주는 기기들이 이토록 각광 받는 이유는 아마도 사회 구성원을 보호해주는 공동체의 부재와 기술이 이를 대체할 수 있다고 믿는 인간의 착각 때문일 것이다.

하지만 우리는 기계가 제공하는 안전의 혜택을 누리는 대신 작지 않은 대가, 즉 프라이버시를 포기해야 한다. 얼마 전 인터넷 프라이버시 침해와 관련된 학술회의에 참석한 적이 있다. 중학생을 대상으로 한 강의에서 한 강사가 페이스북, 인스타그램, 스냅챗 등의 SNS에 사진을 올리면, 그 사진에 대한 소유권은 사진작가나 사진에 찍힌 대상이 아니라 SNS 운영 업체에게 있어서, 운영자가 원하면 언제든 사진을 사용할 수 있다고 설명하자 맨 앞줄에 앉아 있던 학생들이 웅성대기 시작했다. 강사가 그중에서 제일 맹랑해 보이는 학생에게 이유를 묻자 그 학생은 전혀 예상치 못했던, 어떤 면에서는 혁신적이라고까지 할 수 있는 대답을 내놓았다.

"정말로 페이스북이 우리 사진을 볼 수 있나요? 정말로 사이트 운영자가 제가 올린 사진을 다른 사람들에게 보여줄 수 있나요? 멋진데요! 잘 나온 사진을 골라서 몇 장 더 올려놔야겠어요." 그 말에 녀석의 친구들은 신나게 맞장구를 쳤다.

이 에피소드에서 우리는 기성세대와 젊은 세대 간의 생각 차이를 확인할 수 있다. 누가 자기 모습을 훔쳐볼까 봐 두려워하는 기성세대와는 달리 젊은 세대는 자기를 훔쳐보는 이들이 많을수록 좋아한다. 프라이버시 부재와 과다한 감시 시스템 사용으로 인해 우리는 안전을 얻었지만, 자유를 잃었다. 역설적인 것은, 스마트폰 하나만 있으면 어디든 위치 추적을 할 수 있기에, 물리적으로는 예전보다 더 안전하고 자유롭게 이동하는 것이 가능해졌다는 사실이다.

세월이 흐르면 어른과 청소년층의 프라이버시에 관한 인식 차이가 더 벌어질 것이다. 그렇게 현재 어른들이 노인이 되고 현재 청소년들이 성인이 되면 프라이버시가 쓸모없는 것이 되고, 그와 반대의 필요성이 대두되어 액체 사회는 지금과는 전혀 다른, 무거운 사회가 될 것이다. 실제 요즘 사람들의 가장 큰 걱정 중 하나는 눈에 띄지 않는 존재가 되는 것으로, 자신이 다른 사람들의 시선에 충분히 노출되지 않을까 봐 두려워한다는 것이다. 요즘 젊은이들은 연락처에 저장된 전화번호가 많을수록 자신이 사랑받고 있다고 착각하는 것 같다. 우리는 세계화의 시대에 살면서 각자의 사적인 문제들을 자기 손으로 직접 모니터에 대문짝처럼 크게 써 붙여 놓고 다닌다.

미와 사랑처럼 유동적인 삶

프라이버시에 대한 인식 차이가 매우 크다는 점을 인지하지 못하면 위험한 결과를 초래할 수 있다. 이러한 상태가 계속되면 사람들 간 벽이 생겨서 대화가 단절되고, 결국에는 내적인 대화, 즉 자기 자신하고만 대화를 하는 사태가 일어날 수 있는데, 실제 이러한 현상은 현대사회를 위협하는 심각한 문제이다. 다시 말하자면, 세상은 꾸준히 그리고 지속적으로 변화하고 있으며 우리는 이미 그러한 변화의 일부이므로 변화에 저항하는 것 자체가 불가능하다.

　　이와 관련해 바르셀로나 아우토노마 대학 호세 마누엘 페레즈 토르네로José Manuel Pérez Tornero 교수는 뉴 리터러시New literacy(모든 이를 위한 새로운 언어인 인터넷 언어 문해력)에 대한 정의를 내리며 매우 흥미로운 이론을 제시했다. 그는 변화의 과정을 다섯 단계로 분류했는데, 그중 첫 단계가 저항, 두 번째 단계가 혼란, 그리고 세 번째 단계가 실용적인 사고라고 했다. 처음 세 단계는 변화 초기를 특징짓는 정보의 부족으로 인한 결과이다. 그러다 네 번째 단계에서는 변화의 중요성을 인정하고, 마지막 다섯 번째 단계에서는 '변화의 사도'가 된다(물론 모든 변화가 다섯 번째 단계까지 발전하는 것은 아니다).

　　변화 앞에서 망설이기 전에 변화에 능동적으로 참여하지 않으면 변화를 감당하지 못한다는 사실을 명심해야 한다.

출산은 노화의 시작

"아이는 가능한 한 늦게 낳으려고 해. 아이를 낳으면 아무래도 체형이 변할 테니까. 옷 치수가 커지는 순간 내 인생은 끝장이라고."

모성의 개념을 다룬 사회학 책은 수없이 많지만, 10여 명의 또래 친구들과 식사를 하던 25세 남짓 된 여성의 입에서 나온 말처럼 현실을 적나라하게 반영한 전문서는 없을 것이다. 평소 나는 남의 일에 참견하는 것을 좋아하지 않지만, 그 20대 여성의 말에 주변 친구들이 보인 열렬한 호응에는 관심이 가지 않을 수 없었다. 모두 일제히 일어서서 박수갈채라도 보낼 기세였기 때문이다. 그중 한 사람만 빼고. 테이블에는 다른 아가씨들에 비해서 유독 앳되어 보이는 여성이 갓난아이를 품에 안고 있었다. 언뜻 보면 테이블 중앙에 놓인 감자튀김을 담은 바구니와 혼동할 정도로 자그마한 아이였다. 모두 그 젊은 엄마를 의식해서 호응을 자제하는 눈치였다. 순간 내 눈에는 그들이 앉아 있는 테이블이 두 편으로 양분되어 보였다. 한쪽에는 액체적이고 현대적인 '우리'가 있었다. 이 부류에 속하는 여성들은 기분 좋은 놀라움과 약속된 미래와 가슴 떨리는 새로운 일로 가득한 삶을 사랑한다. 이들은 삶이 예상치 못한 방향으로 전개되거나 불안정해도 괘념치 않는다. 오히려 자신들의 삶이 정형화되는 것을 두려워한다. 다른 한쪽에는 이제는 '우리'에 속하지 않는 '그녀'가 있다. '그녀'는 갑자기 '노땅'이 되기로 했고 그 결정으로 인해 막연한 기대 속에서 끊임없이 재구성되고 재생산되는 모든 희망을 포기한다.

프랑스 철학자 마르셀 고쉐Marcel Gauchet는 그의 저서 『욕

미와 사랑처럼 유동적인 삶

망의 자식, 인류학의 혁명Il figlio del desiderio. Una rivoluz-
ione antropologica』에서 어른들은 과거 오랜 기간 어린이의
본모습을 제대로 보지 않았다고 말하고 있다. 어린아이들의
개인적인 차이를 이해하려 하지 않았으며, 이미 완성된 어른
의 세계를 기준으로 어린이들의 세계를 보고 하찮게 여겼다
는 것이다. 이들은 어린이들은 그저 인간으로서 갖추어야 할
조건을 갖출 때까지 열심히 준비하며 기다리면 된다고 생각
했다.

티에리 아발Thierry Avalle은 유년기가 "철학적으로 예상
할 수 없는 영역"이라고 했다. 플라톤, 로크, 루소에게도 유년
기는 상상의 장소였다. 고쉐는 20세기 들어 유년기의 중요성
이 '재발견'된 후에도 어린 시절은 벗어나야 할 대상으로 간
주되었다고 한다. 그는 유년기는 인간의 내면에 병균처럼 살
아남아 인간을 근원적인 과거로 구속한다고 믿었다. 그런 이
유로 정신분석학에서는 유년기에서 완전히 해방되려면, 자
신을 유년기에서 벗어나지 못하게 구속하는 요인이 무엇인지
밝혀야 한다고 한다. 유년기에서 벗어나는 과정은 완전한 자
아를 이루고 진정한 욕망을 깨닫기 위해 거쳐야 할 단계이다.
다시 말하면 유년기는 반드시 극복해야 할 과정인 것이다. 고
쉐는 요즘은 오히려 어른들이 (각자의 '다름'을 인정받고 심
지어 그 중요성이 강조되기까지 하는) 어린이에게 자신을 투
영한다고 한다. 그는 아이가 '새로운 신화적 존재'이자 욕망
과 개인, 평등의 자식이 되었다고 한다. 현대인에게 자식은
이상적인 자아이자 정치적 유토피아이다. 이제 자식은 욕망

의 대상, 아니 자신을 향한 욕망의 결과물이 된 것이다. 자식은 개인적인 욕망의 자식이다. 탈 제도화된 가정의 자식, 은밀한 관계를 맺은 부부의 자식이자, 출산을 지극히 사적인 경험으로 생각하는 여성의 자식이다. 현대인은 사회를 위해서가 아니라, 자신을 위해 출산을 한다. 실제 요즘은 과거처럼 가정을 이루었기 때문에 아이를 낳는 것이 아니라, 아이 때문에 가족을 이룬다.

하지만 최근 사회가 급속도로 변화하면서 이렇듯 현대적인 관점마저 고리타분해지고 말았다. 1960~1970년대 사회를 주도하던 세대는 자식을 일종의 권리라고 생각했다. 그에 비해 액체 세대에게 아이는 유혹적이지만, 동시에 두렵기도 한 존재이다. 이들에게 자식은 욕망의 산물이 아니라 유혹의 산물이다. 현대어 사전에서 유혹은 기쁨을 주는 매력적인 단어이지만 큰 위험을 수반하는 단어이기도 하다.

아이를 품에 안은 채, 감자 칩을 담은 바구니가 놓인 테이블에 앉아 있던 앳된 엄마는 당장이라도 울음을 터뜨릴 것 같은 우울한 표정으로 친구들의 말에 귀를 기울이고 있었다. 나는 그녀가 친구들과 헤어진 후에 어두운 방에 틀어박힌 채 눈물을 흘렸을 것이라고 확신한다. 그녀를 바라보고 있노라니 아름다운 장미 한 송이를 손에 든 채 손목에 수갑을 차고 홀로 벽에 기대어 있는 젊은 여인의 초상을 바라보는 듯한 느낌이 들었다.

물론 이런 이미지에 매혹되어 유동적인 아름다움 대신 진정한 아름다움을 따르기로 결정할 수도 있다. 하지만 그런 결

미와 사랑처럼 유동적인 삶

정을 내리는 순간, 사회에서 소외되어 대중의 울타리에서 벗어나게 될 것이다. 그것은 감내하기에 부담스러운 위험이고, 젊은 세대는 이러한 부담에 대해서 상당히 심각하게 생각한다.

유럽 통계청에 따르면 2016년 프랑스와 스웨덴은 유럽연합 최고의 출산율을 기록했다. 이에 비해 출산율이 가장 낮은 두 국가는 이탈리아와 스페인이었다. 27개 유럽 연합 회원국에서 출산되는 신생아는 1년 평균 5백만 명 정도이다. 여성 1명당 평균 출생아 수는 1.60인데, 이는 평균 출산율인 2.1명에 한참 못 미치는 수치이다. 여기서 2.1이란 수치는 선진국을 기준으로 할 때, 이민으로 인해 유입되는 인구가 없다는 가정하에 여성 1명당 최소 2.1명의 아이를 낳아야 인구가 감소하지 않고 안정적으로 유지된다는 의미의 이상적인 평균 출산율을 말한다.

평균 출산율이 가장 높은 국가는 프랑스로 1.92명이며, 스웨덴(1.85명), 아일랜드(1.81명), 덴마크와 영국(각각 1.79명)이 그 뒤를 잇는다. 평균 출산율이 낮은 국가는 스페인과 이탈리아(각각 1.34명)이며, 이 외에도 포르투갈(1.36명), 사이프러스와 몰타(1.37명), 그리스(1.38명), 폴란드(1.39명) 등이 낮은 평균 출산율을 기록했다.

유럽연합 회원국 여성의 초산 연령은 평균 29세인데 이 중 불가리아와 루마니아 여성들의 연령이 각각 26세와 26.4세로 가장 낮다. 이탈리아 여성의 초산 평균 연령은 그보다 높은 31세이다.

건방지고 제 잘난 맛에 살던 어린 시절 나의 모습은 아직도 내 안에 남아 있어서, 자꾸만 불확실한 선택지를 향해 내 손을 잡아끌고, 모든 문제에 대한 해답 찾기를 종용한다. 매일 아침 지나다니던 길목에 두 아기를 감싼 보자기를 목에 건 채, 신호등 앞에 자리를 잡고 빨간 불이 들어올 때마다 자동차 운전자에게 구걸하던 아프리카 여인이 있었다. 여기서 내가 굳이 자동차 운전자라고 선을 긋는 이유는 순전히 내 마음의 평화를 위해서이다. 당시 나는 오토바이를 타고 다녔기 때문에 그녀는 내 앞에서 멈춰 서지 않았다. 내 발밑의 바퀴 수가 두 배로 늘어나지 않는 한 양심의 가책을 느낄 필요는 없었다. 그러던 어느 날 나는 보자기 속 아이가 네 명으로 늘었다는 사실을 알게 되었다. 태어난 지 얼마 되지 않는 갓난아이들이 있었다. 동그란 눈에 매끄럽고 새까만 피부의 남자 쌍둥이였다.

대체 왜 가난한 사람들은 부자보다 아이를 더 많이 낳는 것일까? 그 여인만 봐도 서른도 안 돼 보이는데, 벌써 애가 넷이었다. 그녀의 직업은 푼돈을 구걸하는 일이었고, 사람들은 그녀가 다가오면 행여나 말이라도 섞을까 봐 차창을 올리느라 바빴다. 여인은 끊임없이 거절당하고 버림받으면서 살고 있었다.

스웨덴 출신 의사이자 통계학자인 한스 로슬링Hans Rosling은 "극빈층에 속하는 부모는 노동력을 확보하기 위해서뿐 아니라, 아이를 잃을 가능성에 대비하기 위해서 많은 자식을 낳아야 한다"라고 했다. 실제 소말리아, 차드, 말리, 나이지리아 등 출산율이 높은 나라(성인 여성 1인이 5명에서 8

미와 사랑처럼 유동적인 삶

명의 아이를 출산하는 국가)들은 세계에서 가장 높은 유아 사
망률을 기록하고 있다.

로슬링은 "미성년자 노동력의 필요성이 사라지고, 여성
의 교육 수준이 높아져 피임약 사용률이 늘어나면서 문화와
종교에 상관없이 출산율은 낮아지고, 교육 수준은 높아지는
경향이 나타나고 있다"라고 했다.

물론 경제 위기와 취업난, 빈곤, 증세 등 현 유럽의 젊은
세대의 저출산율에 영향을 미치는 요인은 많다. 하지만 출산
율 저하의 주된 이유는 시장에 있다(그리고 유동적인 사랑은
거짓된 감정으로 점철된 시장의 복사판이다). 겉으로 보기에
는 아닌 것 같지만, 시장은 아이를 낳아 기르려는 의지를 꺾
는다. 물론 시장에 사유 가능한 지능이 있어서 인류 소멸 계
획 같은 것을 세운 것은 아닐 것이다. 게다가 장기적으로 보
면 인구의 감소는, 곧 시장의 소멸을 의미한다. 그러나 오늘
날 젊은 세대는 눈앞의 이익을 신성시하는 경직된 시장의 부
작용 때문에 출산을 원치 않는다. 시장은 시대에 상관없이 모
든 젊은 세대의 '보편적인 상속자'가 되려 하지만 실제로는
눈앞의 이익을 따라서만 움직인다. 부를 축적하기 위해서라
면 그 어떤 상황에도 적응하고, 그 어떤 일도 해낼 수 있다. 장
기적으로 시장은 스스로의 종말을 선언한 것이나 마찬가지지
만, 이러한 성향 덕분에 지금, 이 순간만큼은 그 누구도 넘볼
수 없는 엄청난 힘을 행사하고 있다.

자식이 곧 부모인 시대

아이는 현명한 어른의 아버지라는 말이 있다. 엄청난 지식과 지능이 있어야만 올바른 삶의 방식을 배우고 인생의 지혜를 습득할 수 있는 것은 아니라는 의미이다. 이보다 더 중요한 것은 자발적인 태도와 돈과 권력에 얽매이지 않고 옳고 그름을 판단하는 기본적인 분별력이다. 세계적으로 명망 높은 선 불교 지도자 스즈키 순류Suzuki Shunryu는 '초보자의 머릿속에는 무수한 가능성이 있지만, 전문가는 그렇지 않다'고 했다. 실제 최초로 점자를 발명한 이도 열두 살 소년 루이 브라이유가 아니었던가. 세 살에 시력을 잃은 브라이유는 시각장애인들도 읽고 쓸 수 있는 글자를 만들어냈고, 지금도 이 글자는 그의 이름을 따서 브라이유 점자라고 불린다.

하지만 과거를 거슬러 올라가 보면, 브라이유 말고도 수많은 어린이가 역사에 엄청난 족적을 남겼다. 어린이의 조언에 귀를 기울이는 일은 매우 중요하다. 언젠가 우연히 루카노르 백작과 안데르센 동화집에도 각색이 되어 실린 아랍 전통 동화를 읽은 적이 있다.

옛날 옛적에 꾀 많은 재단사가 황제를 꼬드겨서 현명한 이들의 눈에만 보이는 마법의 옷을 만들어 팔았습니다. 재단사의 말에 완전히 속아 넘어간 황제는 마법의 옷을 걸친 채 신하들의 앞에 나타났습니다.

황제가 물었습니다. "그래, 현자들의 눈에만 보인다는 내 마법의 옷이 어떠하냐?" 신하들은 황제의 노여움을 살까 봐 두려워 입을

미와 사랑처럼 유동적인 삶

모아 외쳤습니다. "정말 멋집니다, 폐하!" 그때 마침 궁에 있던 꼬마가 해맑은 목소리로 외쳤습니다. "옷이라니요? 옷이 어디 있단 말이에요? 임금님은 홀딱 벗고 계시잖아요!" 신하들은 아이에게 닥치라고 했지만, 아이는 계속해서 외쳤습니다. "임금님은 벌거숭이래요! 임금님은 벌거숭이래요!" 결국, 아이는 신나게 얻어맞고 궁에서 쫓겨나고 말았답니다.

요즘은 역사책은 물론 가장 잘 팔리는 마케팅 책에도 아이들이 자주 등장한다. 알렉산드라 스콧Alexandra Scott이라는 미국의 한 여자아이는 암 선고를 받은 후 오랜 기간 치료를 받으면서 비슷한 처지의 또래 아이들과 함께 시간을 보내야 했다. 그렇게 치료를 받던 알렉산드라는 2000년, 고작 4살의 나이에 레모네이드를 만들어서 코네티컷 전역에 판매하기 시작했다. 자기처럼 아픈 아이들의 치료비를 모으기 위해서였다. 안타깝게 알렉산드라는 2004년 사망했지만, 불과 4년 동안 수백만 달러에 달하는 기금을 모았으며, 그녀의 이름을 딴 알렉스 레모네이드 스탠드 재단Alex's Lemonade Stand Foundation은 아직도 활발히 활동 중이다.

흑인 인권 운동의 선구자인 클로뎃 콜빈Claudette Colvin도 열다섯 살에 역사에 이름을 올렸다. 그녀는 1955년 앨라배마주 수도 몽고메리에서 버스에서 백인 여성에게 자리 양보하기를 거부했다. 당시 앨라배마주 법은 유색인종은 백인에게 버스 좌석을 양보할 것을 강요했고, 클로뎃은 이러한 악법에 공식적으로 저항한 최초의 흑인이었다. 그녀의 행동은 큰 반향을 불러일으켰으며, 그 후 미국 대법원은 마틴 루터 킹과 같은 인물로 대표되는 흑인 인권 운동의 영향으로 인종차별적인 법을 앨라배마주 전역에서 폐지했다.

필자가 역사에 길이 남을 어린이에 관한 글을 써 내려가고 있는 순간, 페이스북 알림 메시지가 깜빡인다. 운명론자라면 손뼉을 치며 좋아할 일이다. 클릭해보니 여섯 살쯤 되어 보이는 남자아이가 팔에 링거를 꽂은 채 병원 침대에 누워 있는 사진이 나타났다. 살짝 미소를 짓고 있지만, 마취제 때문인지 두 눈에는 피로가 가득하다.

그런데도 아이는 부모를 위해서 미소를 지어 보여야 했을 것이다. 부모가 새로운 '디지털 세계'에서 모두의 공감을 얻기 위해 자신의 사진을 포스트에 올리도록 말이다. 여기서 내가 '디지털 세계'라는 표현을 사용한 이유는 실제 꽤 많은 사람이 웹을 '디지털 세계'라고 생각하기 때문이다. 하지만 웹은 단절된 여러 세계로 이루어진 시스템일 뿐인데, 많은 이가 이러한 사실을 망각하고 있다.

웹을 구성하는 이질적인 세계들은 다소 모호한 공생 관계를 맺고 있다. 그리고 웹은 이러한 세계들의 경계가 지나치게 명확하게 드러나지 않기를 바라며 '물과 기름'처럼 이질적인 세계들을 뒤섞으려 한다.

자식을 온라인에 노출하고 과시하려는 부모의 가장 큰 특징은 소유욕이다. 언젠가 프란치스코 교황은 내게 이렇게 말씀하셨다. "건강한 관계와 유혹으로 인해 형성된 관계의 차

미와 사랑처럼 유동적인 삶

이는 '소유욕'입니다. 건강한 관계에는 소유욕이 부재하지만, 유혹의 관계는 소유욕을 기반으로 합니다."

소유욕이 강한 이는 순수하지 않다. 페이스북 알림 덕분에 자식을 과시하고 싶어 하는 욕구의 이면에는 자신을 자식과 동일시하는 부모의 심리가 내제하며, 이기심으로 인해 자식에 대한 소유욕을 버리지 못하는 일부 부모들이 있다는 사실을 깨달았다. 그런 식으로 아픈 자식을 노출하는 것은 고통을 구경거리로 만드는 행위이다. 고통만큼 사적이고 내밀한 것은 없다. 게다가 그 주체가 어린아이라면 그 고통은 절대적으로 사적인 것이다. 페이스북에 사진을 올린 부모는 자식의 고통을 사적인 것이라 여기면서도 자식이 아니라 자신들의 사적인 영역이라고 착각하고 있다. 여느 소모품처럼 자기 마음대로, 필요하다면 유희의 수단으로도 사용할 수 있다고 생각한 것이다.

과거에는 가족 앨범 안에 소중히 간직하다 집을 방문한 손님에게나 보여주던 사적인 사진들이, 오늘날에는 스마트폰 사진이나 셀카로 대체되고 있다. 사람들은 이렇게 찍은 사진들을 최대한 많은 이들에게 노출해 열띤 '반응'을 얻기를 원한다. 이틀만 지나면 사진을 올렸다는 사실조차 잊히겠지만, 정작 그 사진들은 모두의 시선에 노출된 상태로 영원히 인터넷에 남겨질 것이다.

사람들이 이렇게 행동하는 데는 세 가지 요인이 있는데, 그것은 바로 '좋아요', '공유' 그리고 '타인의 동정심을 갈구하는 심리'이다. 병상에 있는 아들(유혹의 아들)의 사진을 올리는 부모는 아마도 자신을 드러내고 싶었을 것이다. 그것은 사람들이 SNS 활동을 하는 은밀하면서도 본질적인 이유이다. 사람들은 은근히 혹은 노골적으로 긍정적인 피드백을 받기를 원하는데, 페이스북의 '좋아요'가 그 대표적인 예다.

타인의 동정심을 갈구하는 이유도 단순하다. 자신의 자아를 자식의 자아와 동일시해 만족감을 느끼려는 것이다. 자식의 삶을 구경거리로 만드는 사람들은 자신들의 행동으로 인해 아이의 사적인 고통이 공적인 것이 된다는 사실을 유념해야 한다. 아이의 고통이 모두에게 노출된 채 영원히 인터넷에 남을 것이라는 사실을 기억해야 한다. 아이가 성장한 후에도 아이의 삶을 담은 그 순간들은 영원히 사라지지 않을 것이다. 하지만 아이들은 이러한 상황에 대한 문제성을 전혀 인식하지 하지 못할 것이다. 자기도 모르는 새 부모의 영향으로 시장의 부품이 되어버렸기 때문에, 성장한 후에도 쉽게 시장의 유혹에 굴복할 것이다.

그렇다면 과연 부모가 SNS에서 자식을 구경거리로 만드는 것이 정당한 행위일까? 자식의 이미지에 대한 초상권을 가지고 있다고 생각하는 부모는 성형외과 의사처럼 SNS상에 보이는 자식의 모습에 메스를 대고, 결국 이런 식으로 변형된 이미지는 아이의 '공식' 과거로 남는다.

그 결과 아이는 성장하는 동안 심리적으로 타인의 시선에 영향받게 되고, 그로 인해 시장과 맹목적인 시장 추종자들의 유혹에 넘어가지 않고 버틸 힘을 쌓는 데 필요한 유년기의 평온함도 빼앗길 것이다.

미와 사랑처럼 유동적인 삶

페이스북의 '좋아요'가 만든 '대가성 사랑'

어른들은 역설적이게도 아이들의 미래를 위한다는 명목하에 아이들의 현재를 걱정하곤 한다. 비슷한 맥락으로 부모의 과거가 재평가되는 경우도 빈번한데 이때 부모의 과거는 이상적으로 재포장되어 자식들의 삶에 투영된다. 이런 이유로, 사람들은 흔히 이타적인 마음 때문에 자식을 낳는다고 생각하지만 '이상적인 아이bambino utopico'는 아이를 통해 새로운 삶을 소유하려는 부모의 욕망에서 태어난다.

프란치스코 교황은 자칫하면 부모가 자식을 자신의 가장 이상적인 자아로 간주하는 오류를 범할 수 있다면서 이러한 부모는 자식을 '부모의 환생'으로 생각한다고 하셨다.

하지만 이는 진정한 유토피아가 아니라 과거로의 회귀를 꿈꾸는 레트로토피아에 가깝다. 바우만은 레트로토피아에 관해 다음과 같이 설명했다

"미래는 웃음거리가 되었고, 옳든 그르든 과거는 재평가되어 아직 희망이 완전히 사라지지 않은 공간으로 인식되었다."

자식을 향한 레트로토피아적인 욕구는 부모의 과거와 밀접한 연관이 있다. 어떤 남자가 '이상적인 아이'의 꿈을 실현하려는 욕망에 이끌려 아이를 낳았다고 가정해보자. 만약 그의 어린 시절 꿈이 백만장자 축구선수가 되는 것이었다면 (자신이 축구 선수와는 거리가 멀다는 것을 뻔히 알면서도) 그가 아들에게 '반드시' 최고의 축구선수가 되어야 한다는 부담감을 줄 가능성이 크다.

같은 이유로 부모의 사랑을 상으로 보상받기 위해 지나치게 열심히 노력하는 아이들이 분명히 있다. 축구만 봐도 그렇다. 프로 선수가 되기 위해서 얼마나 열심히 연습해야 하는가.

사랑이 보상이 되는 순간, 아이의 인생은 불행해진다. 아이가 평온함을 유지하는 데 가장 중요한 요소 중 하나는 상호주체성인데, 이는 아이가 집단적 '사회의식' 속에 자신만의 사적인 공간을 가지고 있다는 확신이 있을 때 형성된다.

최근 들어 이러한 경향이 강하게 나타는 것은 레저 시장의 규모가 급격히 성장했기 때문이기도 하다. 예컨대 축구선수가 되는 것은 (집단적 상상 속에서) 곧 화려한 삶을 의미한다. 그렇기에 무의식적으로 아들에게 기왕이면 럭비 선수보다는 축구선수가 되라고 장려할 수도 있다. 아들이 소비 사회에 적합한, 윤활유를 잘 바른 부속품이 될 수 있도록 말이다.

언젠가 한 아이의 아버지가 이렇게 말하는 것을 들은 적이 있다. "오늘 훈련에 빠질 생각일랑은 하지 말아라. 골을 많이 넣어야 유명한 선수가 되지. 그래야 네가 어른이 되면 아빠가 네 에이전트가 되어 함께 세계를 누빌 수 있단 말이다."

아마추어로서의 순수한 즐거움은 이런 식으로 시장에 자리를 내어주고 어린아이의 삶은 시장에 팔리는 정도가 아니라 아예 공짜로 바쳐진다. 결국, 사랑 역시 돈을 주고 살 수 있는 대상이 되어버렸다. 존경과 성공처럼 말이다.

이러한 상황에 빠진 아이는 얼마 안 가서 시장에 실망하는데, 그런 아이들은 쉽게 자기 스스로를 소외시키는 경향이 있다. 이때 가장 먼저 가족의 구성원으로부터 자신을 소외시

키는데, 자신이 가족의 일원이 될 자격이 없다고 느끼기 때문
이다.

또 하나 주의할 점은 가정 내 잦은 다툼, 특히 아이 앞에서 경
제적인 이유로 자주 다투는 것이다. 이러한 다툼은 자아도취
에 빠진 부모가 자신이 이루지 못한 이상을 자식에게 투영할
때 나타난다. 실제로 가족 분위기가 무거울수록 부모는 그러
한 상황을 어떻게든 '견디기 위해서' 도피처를 찾는 경향이
있다.

아이가 보는 앞에서 계속 헤어지겠다는 말을 내뱉는 부모
를 보고 자란 아이는 어떻게 될까?

그런 아이들은 가정에서 고립된다. 가정의 위기 앞에 부
모가 먼저 가정에서 분리될 거라 생각하지만, 오히려 아이가
먼저 분리된다. 그렇다면 아이는 무엇에게서 분리되는 것일
까? 아버지? 어머니? 물론 부모에게서 분리되는 것도 사실이
지만 그보다 심각한 문제는 아이가 자신의 '심리적 공간'에서
억지로 분리된다는 사실이다.

최초로 '자유로운 행동을 가능케 하는 심리적 공간'을 언
급한 이는 독일의 심리학자 쿠르트 레빈Kurt Lewin이다(레빈
의 대표 저서로는 『성격에 관한 역학적 이론Teoria dinamica
della personalità(1935)』과 『사회적 환경 속 아동Il bambino
nell'ambiente sociale(1948)』이 있다). 레빈이 말하는 자유롭
게 움직일 수 있는 심리 공간은 한 개인이 당황하거나 부담을
느끼지 않고 통제할 수 있는 환경을 조성하는 조건의 총합을

의미한다.

아이의 '심리적 공간'은 '부서진 공간'이다. 자신만의 은밀한 것을 가지기 위해서 매일 처음부터 다시 끼워 맞추어야 하는 퍼즐 같은 공간이다. 부모의 불행한 이혼은 아이의 머릿속에 '부서진 공간'을 만들고 이러한 공간은 기존에 아이가 가지고 있던 사적인 유일한 공간을 대체한다. 그 공간에서 누리던 충만함을 단절로 대체한다.

'가정에서 분리된 아이'의 경우, 이러한 공간이 겉으로 드러나지는 않아도 계속 와해된 상태로 남아 있을 것이다. 그러다 아이가 불만에 찰 때 강물처럼 넘쳐흘러 아이의 영혼을 가득 채울 것이다. 어린 시절 자신만의 심리적인 공간을 가지는 것은 성인이 되어서 안정적인 삶을 살기 위해 꼭 필요한 과정이다.

아이가 자신의 집에서 만든 심리적 공간은 물리적인 방이나 이혼으로 혼자가 된 엄마나 아빠보다 훨씬 중요하다. 심리적 공간은 아이가 자신의 세계를 구축하는 기원이 되기 때문이다. 그러므로 부모는 아이만 돌보는데 그치는 것이 아니라 오롯이 아이의 것인 심리적 공간에도 신경을 써주어야 한다.

'빈 공간' 찾기

초등학교 시절, 선생님 중에서 유독 두 분이 내가 수업 중에 주의력이 부족하다면서 놀리곤 하셨다(옛말에 단서가 두 개면 증거가 성립된다고 했다). "토마스는 오늘도 멍하게 허공만 바라보고 있구나!" 선생님이 이렇게 말씀하시면 같은 반

미와 사랑처럼 유동적인 삶

아이들은 약속이라도 한 듯 웃음을 터뜨렸다. 당시 상황을 지금도 생생히 기억한다. 아마도 나는 그때 '빈 공간'을 찾고 있었던 것 같다. 시간을 초월하는 영원의 공간을 찾는 그 순간을, 아마도 어른이라면 명상이라고 불렀을 것이다. 아이들은 이러한 공간 속에서 특정한 이미지들을 떠올리며 짧은 순간이나마 행복을 맛보지만, 어른의 눈에 이러한 행위는 그저 내면으로 도피하는 것처럼 보일 뿐이다.

이 고독한 공간은 선생님이 나무라서 아이에게 수치심을 주거나 최악의 경우 죄책감을 심지만 않는다면, 직관력과 창의력, 건강한 멜랑콜리 감성을 키우는 데 도움이 된다. 물론 모든 것이 그렇듯 지나친 것은 모자람보다 못하다. '빈 공간 찾기'가 너무 잦다보면 일상의 도피처로 전락할 수도 있다.

요즘 말로 설명하자면, '빈 공간'은 정신을 아드레날린으로 가득 채우는 것을 거부하는 행위라고 표현할 수 있다. 지나치지만 않는다면, '빈 공간'은 지속적인 시장의 유혹으로 인해 생성되는 아드레날린과 흥분을 유발하는 요소들로부터 몸과 마음을 정화하는 안식처가 될 수도 있다. 일상 속에 흔들리는 자아가 균형을 잡을 수 있게 안정감을 주기 때문이다.

요즘 아이들은(나로 말하자면 대략 1997년 전후에 아이 딱지를 뗐다) 아드레날린으로 가득한 삶을 살고 있다. 이들은 충동적인 욕구를 느끼고, 이를 해소하는 데서 행복을 느끼며, 이 과정에서 아드레날린이나 그와 유사한 흥분을 유발하는 물질이 분출한다.

결과적으로 요즘 아이들은 '빈 공간'을 만드는 데 필요한

'상상이 주는 행복'을 모른 채 성장하는 경우가 많다. 시간이 갈수록 행복은 짧고 반복적인 외부 자극에 의해서만 생성되는 상태가 되어가고 있다(인지행동 이론에 따르면 정도에 상관없이 외부 자극으로 인해 행복을 느끼는 것은 일종의 강박증이다). 아드레날린은 인체가 생성하는 천연 마약이다. 아드레날린의 중독성이 그 정도로 강하다는 의미이다.

나는 어른들이 '빈 공간'을 찾는 아이들을 부정적으로 보는 이유가 항상 궁금했다. 내 경우에서 보았듯이 일부 어른들은 빈 공간을 찾는 아이들을 문제아로 낙인찍기도 한다. 나는 여기에는 세 가지 이유가 있다고 생각한다. 첫 번째는 불과 몇 초밖에 되지 않는 아주 짧은 순간일지라도 빈 공간을 찾는 아이의 시선이 종종 주의력 결핍으로 치부되기 때문이다. 두 번째 이유는 아이가 빈 공간을 찾는 순간 어른들은 그들 자신이 아이에게서 소외된다고 느끼고, 아이가 또래 친구들과 섞이지 못한다고 생각하기 때문이다. 부모는 아이가 이러한 '무방비 상태의 이방인'이 되어 정상의 범주에서 벗어나면, 아이의 행동이 예측하기 힘들어질까 봐 걱정한다. 마지막 이유는 '빈 공간'을 찾을 때 아이가 우울해 보이기melancholy 때문이다. 현대사회는 멜랑콜리의 문화를 받아들일 준비가 되어 있지 않다. 멜랑콜리를 단순한 우울감이나 슬픔과 혼동하는 경우가 너무나 많다.

멜랑콜리는 매우 매혹적인 감정이며, 사랑과 마찬가지로 언어에 따라 한 단어로 그 의미를 표현하기 쉽지 않은 개념이다. 덴마크 철학자 쇠렌 키르케고르는 멜랑콜리를 멋지게 표

　　　　　　　　미와 사랑처럼 유동적인 삶

현했다. "멜랑콜리는 결국 사랑을 갈망하는 욕망이다. 가장 기본적인 감성에서부터 가장 높은 단계의 영적인 사랑에 이르기까지 사랑의 형태와 수준은 다양하다. 멜랑콜리의 생명이자 핵심은 에로스이다. 사랑과 아름다움을 향한 욕망이다."

이탈리아 신학자 로마노 과르디니는 멜랑콜리에 관해 다음과 같이 말했다. "멜랑콜리한 감성의 소유자는 과도기적 변화를 바라보며 아픔을 느낀다. 자신이 사랑하는 대상을 빼앗긴다고 느끼기 때문이다. 현세의 아름다움은 언제나 지나가는 것이고 아름다움 곁에는 언제나 죽음이 있다." 사도 바울은 이렇게 말했다. "(내가 그리스도와 함께 십자가에 못 박혀 있으나 그럼에도 불구하고) 사노라. 그러나 내가 아니요, 그리스도께서 내 안에 사시느니라." 과르디니는 사도 바울의 이 말을 이렇게 해석한다. "사도 바울은 멜랑콜리라는 감성을 타고났으며, 그에 대한 대가를 치른 이들의 은밀한 열망을 가장 수준 높은 기독교 사상으로 표현했다.", "멜랑콜리의 소유자는 절대자를 만나고자 하지만, 그 만남은 사랑과 아름다움의 형태로 이루어져야 한다. 그는 끊임없이 자아를 찾으려 하지만 결국 이루지 못한다. 멜랑콜리는 인간의 내면에서 '영원성'이 탄생하는 대가이다. 어쩌면 특정한 인간의 내면이라고 하는 것이 더 정확할 것이다. 여기서 특정한 인간은 절대적인 존재에 다가가기를 원하고, 이로 인한 고통을 깊이 느낄 수밖에 없는 운명을 타고난 이들을 의미한다."

오랫동안 나는 '빈 공간'을 찾는 시선을 무엇에 비유해야 가장 간단하고 보편적으로 설명할 수 있을지 고민했다. 그러다 결국 바다를 바라보는 이의 시선을 생각해냈다. 열 명을 해변에 세워 놓고 3분 동안 아무 말도 하지 않고 바다를 바라보게 해보자. 보통 2분 정도가 지나면 대부분 사람의 시선이 비슷해지는데 바로 그때가 멜랑콜리와 영원 사이에서 잠시나마 빈 공간이 나타나는 순간이다.

환생을 믿는 이들 역시 멜랑콜리에 관한 나름의 이론이 있다. 이들은 멜랑콜리란 전생에서 '제대로 죽지 못한 이들'이 느끼는 감성이라고 생각한다.

미와 사랑처럼 유동적인 삶

2

사랑과 소유 :
가질 수 있으면 가져야 한다

사랑은 외부에 존재하는 것

사람들은 사랑이 마음속 깊은 곳에서 솟아난다고 생각한다. 혈관 속에서 생겨나 시선으로 표현되어 타인과의 관계에 영향을 미친다고 생각한다. 내 생각은 다르다. 나는 사랑이 외적인 차원에서 우리를 바라보는 시선이라고 생각한다. 더 정확하게는 사랑은 우리를 매혹하는 원동력이지만, 그것은 흔히 생각하듯 내적인 것이 아니라 외적인 것이다. 사랑이 정말로 우리 안에 있다면, 우리는 의지에 따라 사랑을 변화시키고 그 크기도 가늠할 수 있었을 것이다.

사랑은 우리를 둘러싼 시간의 흐름을 바꾸어 놓는 그 무엇인가의 영향을 받는 힘이다.

처음으로 내게 '사랑한다'고 했던 여인은 며칠 만에 변심했다. 그렇다고 내가 불과 며칠 만에 그녀의 사랑을 받을 만한 자격이 없는 존재로 전락했을 리가 없는데! 그녀는 내가 하나도 달라지지 않았다는 사실을 알고 있었지만, 전과 같은 사랑의 눈빛으로 나를 바라봐주지 않았다. 정말이다. 나는 변한 것이 아무것도 없었다.

그때 나는 아직 풋풋한 소년이었다. 하지만 애송이의 사랑이 어른의 사랑보다 가볍다고는 할 수 없다. 아니, 아직 오염되지 않은, 순수한 육체의 사랑은 오히려 본질 혹은 이상적인 원형에 가까울 수 있다.

사람은 성장하면서 언제 상황이 변할지 어느 정도 예측할 수 있게 되는데, 그것은 액체 사회에서도 마찬가지다. 액체 사회에 산다는 것은 매일 자신을 완전히 재창조해야 함을 의

사랑과 소유 : 가질 수 있으면 가져야 한다

미한다.

"못생겼어도 널 사랑해.", "네가 그리 똑똑하지 않아도 나는 너를 사랑해.", "나는 네게 과분하지만, 그래도 너를 사랑해." 이런 말을 들으면 어떤 기분이 들까? 기분이 좋을까 나쁠까? 이런 질문들은 상대방이 조건 없는 사랑을 하는 사람인지, 아니면 신뢰할 수 있고 사랑할 만한 가치가 있는 대상만을 사랑하는 사람인지 가늠하는 온도계와 같은 역할을 한다.

이 세상에는 두 부류의 인간이 있다. 먼저 자신이 자연의 축복을 받았기 때문에 태어난 순간 모든 사람의 사랑을 받는 특별한 존재라고 믿는 이들이 있다. 그리고 이들과는 달리 좋은 평판을 받기 위해 힘쓰고, 올바른 삶을 살기 위해 노력해야만 사랑받을 수 있다고 생각하는 사람들이 있다. 첫 번째 부류에 속하는 이들은 이런 말을 들어도 개의치 않을 테지만, 두 번째 부류에 있는 사람들은 아마도 자존심을 건드렸다고 화를 낼 것이다.

조건 없는 사랑을 찾는 이들은 종종 주변 사람을 시험한다. 상대방이 올바른 짝인지 확인하려고 일부러 사랑받을 만한 가치가 없는 사람인 척 연기를 한다. 만약 상대방이 이러한 모습에 흔들리거나 변하지 않는다면, 자신의 진정한 모습을 사랑하고 평생 곁에 머물러줄 올바른 짝을 만난 것이다.

그런데 상대방이 실수를 용납하지 않고 더는 사랑하지 않는다고 한다면? 상대방이 애초에 무조건적인 사랑을 찾는 사람이 아니었다면? 그러면 둘 사이에는 틈이 벌어질 것이다. 균열로 인해 역학관계가 느슨해질 것이다.

여기서 중요한 점은 사랑의 대상은 특정한 사람, 다수의 사람들이나 그들의 행동이 아니라 그 사이의 역학관계라는 사실이다. 역학관계가 깨지는 순간, 사랑도 깨질 수 있다.

　　하지만 사랑의 역학은 내적인 요소가 아니라 외적인 요소이기에 우리를 둘러싼 환경에 영향을 받고, 그와 동시에 환경에 영향을 주기도 한다.

　　오늘날 사랑을 논하고, 분석하고 이해하기 위해서는 생각의 관점을 바꿀 필요가 있다. 사랑의 개념은 변했다. 글로벌 시대에는 액체 사랑이 정상적인 사랑이다. 그러나 확고한 사랑은 예외다. 직선적이고, 장애물이 없는 확고한 사랑은 평생을 갈 수도 있다. 오늘날 사랑은 새로운 사랑이 나타나는 순간, 순식간에 사라지는 그늘에 불과하다. 사랑은 내면이 아니라 외부에 있다.

소유할 수 있는 것만 사랑한다고?

한 남자가 소년에게 묻는다. "얘, 너는 왜 그 생선을 먹니?" "생선을 좋아하니까요." "좋아한다고? 좋아한다면서 생선을 잡아서 끓는 물에 넣어 죽였니? 너는 생선을 좋아하는 것이 아니라 너 자신을 사랑하는 거야. 생선 맛이 좋아서 펄펄 끓는 물에 넣어 삶아 죽인 거라고."

　　우리가 사랑이라고 부르는 감정도 생선을 좋아하는 마음과 별반 다르지 않을 때가 많다. 남녀가 사랑에 빠진다는 것은 무엇을 의미할까? 남성은 여성을 자신의 육체적·감정적 욕구를 충족해줄 사람이라고 생각하고, 여성도 남성을 그런 식으로 생각한다는 의미이다. 그것이 바로 사랑의 본질이다. 문제는 사람마다 욕구가 다르다는 사실이다. 우리가 사랑이라고 정의하는 많은 경우가 실은 '생선을 향한 사랑'과 같을 수 있다. 하지만 '외향적인 사랑amore esternato'을 하는 이는 받는 것보다는 상대방에게 주는 것을 더 중요하게 생각한다.

대윤리학자이자 랍비인 데슬러Dessler는 "사랑하기 때문에 베푼다고 생각하지만 이는 큰 착각이다"라고 했다. 사실은 서로 베푸는 사람들끼리 사랑하는 것이다.

사랑하는 사람에게 무엇인가를 주는 것은 결국 자신을 그 사람에게 투자하는 행위이다. 인간이 자기 자신을 사랑하는 것은 당연하기 때문에, 누군가에게 자신이 가진 것을 준다면 이는 곧 그 사람 안에 사랑하는 자기 일부를 남기는 것을 의미한다. 그러므로 진정한 사랑은 받는 사랑이 아니라 주는 사랑이다.

저명한 정신과 의사이자 유대교 랍비인 아브라함 트웨스키 Abraham Twerski는 사랑으로 위장한 소유욕이라는 최근 트렌드를 명확하게 짚어냈다.

인간은 자기 소유라고 정의 내릴 수 있는 대상을 사랑하는 데 익숙하다. "내 아내를 소개할게.", "내 남편을 소개할게."… 이렇게 사람들은 공공연하게 타인을 '자신의 것'으로 정의하고, 자신에게 그러한 관계를 마음대로 이용할 수 있는 권리가 있다고 생각한다. 필요 없으면 언제든 버릴 수 있는 물건이나 운전할 마음이 없어지면 차고에 넣으면 그만인 자동차처럼 말이다.

하지만 파트너를 자기 소유라고 생각하는 순간 관계는 위태로워지며 이때 감당하기 힘든 고통을 받는 사람은 대개 상대방에 대한 소유권을 주장하는 쪽이다.

이상하게 들릴 수도 있지만 보통 사람들은 일방적인 부부나 연인 관계를 보면서, 그러한 관계에 순응하는 편을 피해자라고 생각한다. 모든 결정권이 상대방에게 있어서 겉으로 보기에 선택의 자유가 없어 보이는 쪽 말이다.

하지만 최근에는 상당수의 대인관계 심리학 전문가들이 피상적으로 '가해자'로 지목되는 남성 혹은 여성 역시 실은 피해자일 수 있다는 의견을 내고 있다. 아니 때로는 그들이야말로 진짜 피해자일 수 있다. 관계 정신분석학의 세계적인 권위자로 근 30년간 정신분석학계에 지대한 영향을 미친 미국의 심리학자 스티븐 미첼Stephen Mitchell은 내면의 갈등을 이야기한다. 내면의 갈등은 내 안에 존재하는 수많은 자아를 갈라놓기 때문에(인간의 인격을 형성하는 수많은 자아는 절대로 하나로 통일될 수 없다) 둘 중에 진짜 '가해자'가 누구인지 파악하기 힘든 것이다. 둘 중 한 명이 지배적인 인격의 소유자라 해도, 그러한 행동을 유발하는 사람은 대개 순종적으로 보이는 쪽이다.

파트너에 대한 소유권을 주장하는 이는 스스로 대인관계의 파멸을 선언하는 것이나 마찬가지다. 사랑하는 사람에 대한 기대치는 매우 높고 일관적이기 때문에, 많은 사람이 상대방이 자신이 필요한 모든 것을 제공해주기를 바란다.

사랑과 소유 : 가질 수 있으면 가져야 한다

이럴 때 나타나는 감정이 바로 질투이다. 우리는 하루도 빠짐없이 질투로 사랑을 공격한다. 질투는 상대방이 지쳐 쓰러질 때까지 상대방의 가슴을 향해 발차기를 날린다.

롤랑 바르트만큼 질투를 현실적으로 표현한 사람은 없을 것이다. "나는 질투심이 많아서 네 번 괴롭다. 질투가 심해서 괴롭고, 그런 나 자신이 미워서 괴롭고, 내 질투심으로 인해 누군가 상처를 받을까 봐 괴롭고, 그런 뻔한 감정에 놀아나는 것이 괴롭다. 소외당할까 봐, 남을 공격할까 봐, 질투심에 정신을 놓을까 봐, 내가 다른 사람들과 하나도 다를 바가 없을까 봐 괴롭다."

미국의 소설가 에리카 종Erica Jong은 질투란 "그들이 마음껏 보았을 재미를 상상하는 것"이라는 재미있는 표현을 했다.

여기서 중요한 것은 우리 모두가 충족할 수 없는 욕구를 시장의 원동력으로 삼는 사회에서 살고 있다는 사실이다. 살아가는 방식은 존재에 영향을 주지만, 그 반대 경우는 생각보다 드물다.

우리의 정체성은 타인이 우리를 어떻게 인식하고 있는지에 따라서 결정된다. 인간은 존재 가치를 인정받기 위해, 몰개성한 존재가 되어 망각 속에 잊히지 않기 위해 부단히도 애를 쓴다. 이러한 절박한 노력 때문인지, 우리는 사회가 우리에게 붙인 딱지에 쉽게 자신을 동일시한다. 우리는 더 빨리 단순하게 판단하기 위해 모든 것을 분류해야만 한다. 사람들이 (SNS 태그와 기능이 유사한) 선입견을 사용하는 것도 그러한 이유에서이다. 선입견을 이용하면 머리가 덜 복잡하고 에너지를 아낄 수 있다. 문제는 이러한 과정을 거치다 보면, 우리의 존재를 있는 그대로 받아들이기보다 '해석'하게 되는 경우가 많다는 사실이다. 하지만 결국에는 그 해석조차 우리의 존재가 된다.

필립 짐바르도Philip Zimbardo는 저서 『루시퍼 이팩트』에서 특정 역할이 태도에 미치는 영향을(태도가 역할에 미치는 영향이 아니라), 매우 꼼꼼히 서술했다. 그가 1971년 실행한 이 실험은 지금까지 수많은 책과 영화의 소재로 사용되고 있다. 소속 집단에 따른 인간의 행동 양상을 조사하기 위해 실행된 시험의 결과는 충격적이었다.

짐바르도는 20세에서 30세 사이 24명의 대학생을 실험 참가자로 선택했다. 대부분 성적도 우수하고 싸움이나 사고에 휘말린 적이 없는 모범생들이었다. 이 중 12명에게는 교도관 역할을, 나머지 12명에게는 죄수 역할을 맡긴 후, 스탠퍼드 대학 내 가짜 감옥에 수용했다. 참가자들은 실제 감옥에서 적용되는 엄격한 규칙을 지켜야 했다. 교도관 역할을 맡은 학생들은 특별히 교육을 따로 받지 않고, 교도소 규칙 준수를 위해서라면 뭐든지 해도 좋다는 허락을 받았다. 반면에 수감자 역할을 맡은 학생들에게는 미리 교도관들에게 무시당하고, 사생활을 침해당할 수 있다는 안내를 했다.

실험은 불과 엿새 만에 중단되고 말았다. 교도관 역할을 맡은 학생들이 가학적으로 변했기 때문이다. 심지어 그중 한 명은 수감자 역할을 맡은 학생들을 성추행하기에 이르렀다.

사랑과 소유 : 가질 수 있으면 가져야 한다

수감자 역할을 맡은 학생들도 뚜렷한 우울증과 과도한 스트레스 증세를 보였고, 일부는 그보다 심하게 집착과 과대망상 증세까지 나타났다.

교도관 역할을 맡은 학생들은 번뜩이는 안경과 제복에 취해서 몰개성화된 채 새로운 사회적 지위가 주는 승리감에 사로잡혀 불과 몇 시간 만에 현실감각을 잃어버리고 새로운 소속 집단이 보여줄 수 있는 최악의 모습을 적나라하게 보여주었다.

루시퍼 효과는 사랑에도 적용될 수 있다. 모범생이 무자비하고 양심 없는 교도관으로 변신하는 데 단 엿새밖에 걸리지 않았는데, 어떻게 불과 며칠 만에 사랑이 변하지 않을 것을 보장할 수 있겠는가. 그것도 윤리 의식이 희박하고, 뭐든 조금만 쓰다 싫증이 나면 미련 없이 버리거나 다른 물건으로 대체하는 소비주의 사회에서 살면서 말이다. 모범적인 소비자로서 인정받으려면, 시장의 이미지를 따라 만든 현대사회에서 존중받으려면, 오래된 중고품을 반짝이는 새로운 욕망의 대상을 위해 내다 버릴 줄 알아야 한다. 이마저도 다음 욕망의 대상에게 언제 자리를 내어주게 될지 알 수 없지만 말이다.

인간은 자신을 빈털터리로 만드는 것도 모자라 욕망을 끊임없이 변화하게 만들어 자신이 원하는 것이 정확하게 무엇인지 정의조차 내리지 못하게 만드는 자극의 표적이다.

요즘은 어떠한 제품에 대한 열망이 미처 형성되기도 전에 그보다 더 좋은 제품이 출시된다. 하지만 새로 출시된 신제품도 얼마 안 가서 제품을 만든 제조사에게 버림받는다. 제조사들은 마케팅의 힘을 빌려 한물간 제품은 만족감을 주기 힘들다는 메시지를 주입해 소비자에게 신제품을 사라고 부추기지만, 이마저도 몇 달 안에 퇴물 취급을 받을 것이다.

결론을 말하자면, 상대방이 자기 소유이므로 자신의 필요를 충족해줄 것이라고 이상적으로 생각하는 것은 모든 불안의 시작이자 관계의 끝을 알리는 선언이다.

그렇다면 불안이란 무엇일까? 물론 불안은 보편적인 감정이다. 프란치스코 교황은 내게 몇 번이나 불안이 꼭 부정적이기만 한 감정은 아니라고 강조하셨다. 오히려 불안의 목소리에 귀를 기울이고, 신중하지만 담대하게 불안과 마주하기를 권유했다.

교황은 불안에는 좋은 불안과 나쁜 불안이 있다고 하셨다. 좋은 불안은 우리를 끊임없이 움직이게 만든다. 정체를 두려워하게 만든다. 세상에는 해야 할 일이 아직 많다. 그런 불안감은 무엇보다 타인을 위한 '선한' 일을 하게 만든다. 순전히 개인적인 이유로 시작한 일이 타인의 생명을 구하는 데 결정적인 역할을 할 수도 있기에 이는 좋은 불안이다.

이에 비해 나쁜 불안은 타락한 자의 불안감이다. 양심에 간지러운 부분이 있는데, 손이 닿지 않아 괜스레 피부만 긁적이게 만드는 그런 종류의 불안감이다.

자신의 실수를 이해하고 싶은 내적 욕망이 해소되지 않으면 결국은 평온한 마음을 어지럽혀 감당하기 힘든 불안감이 조성된다. 그것은 피부에 가시가 박혀서 참을 수 없이 성가신 것과 유사한 느낌이다.

사랑하는 사람과의 관계에서 대부분의 불안감은 매혹이 소유욕으로 변할 때, 즉 '사랑'이라는 단어가 단순한 소유욕으로 변할 때 생성된다.

"나는 그녀가 필요해. 그러니까 그녀를 사랑해. 나는 항상 그녀를 생각해. 그러니까 나는 그녀를 사랑해."

다시 한번 트웨스키의 이야기로 돌아가 보자. 생선을 좋아하는 것은 배고파서일까 아니면 생선에게 뭐든 주고 싶어서일까?

자랑하고 싶은 것만 소유하려는 사람들

파트너를 '내 남편, 내 남자친구' 혹은 '내 아내, 내 여자친구'라고 소개하는 말을 들으면 어쩔 수 없이 사랑하는 사람과의 관계가 물건을 소유하는 것과 유사하다고 생각하지 않을 수 없다. 물건이나 사람을 '나의 것'이라고 정의함으로써 상대방의 경쟁심을 자극하고, 내가 가진 것은 무엇이고 상대방이 가진 것은 무엇인지 비교하게 된다.

세상에 홀로 남은 사람에게 멋진 집과 아름다운 연인이 무슨 소용이 있겠는가. 값비싼 신제품을 사도, 남들에게 자랑할 수 없다면 그에 대한 만족감이 덜할 것이다.

불과 몇 년 전까지만 해도 물건을 샀을 때 자랑할 수 있는 사람의 수는 제한적이었지만, 요즘은 SNS에 사진만 올려도 수백 명 이상의 사람들에게 노출된다.

값비싼 물건이나 유명인의 구매 소식을 SNS에 올리면 노출 가능성이 높아지고 즉각적으로 수많은 사람의 관심과 부

러움을 받게 된다. 하지만 SNS 세계의 경쟁은 상상을 초월할
정도로 치열해서 그런 식으로 얻은 만족감은 빛보다 빠른 속
도로 사라져버린다.

확실한 것은, 소유는 개인주의 사회의 핵심적이고 원초
적인 특징이자 기원이라는 사실이다.

지그문트 바우만은 『액체 인생Vita liquida』에서 "개별성in-
dividualita은 개인주의 사회가 그 구성원들에게 부여한 과제
다"라고 했다. 하지만 사실 개인주의 사회에서 개별성을 유지
하라는 요구는 그 자체가 모순적인데, 이는 개인이 사회와 떼
려야 뗄 수 없는 관계에 있기 때문이다. "사회는 인간의 요람
이자 종착지이다." 뿐만 아니라 개별성은 '대중의 정신'과 밀
접한 관계가 있으며, '대중의 정신'이 개별성에 미치는 영향
은 크다.

누구나 특별한 존재가 되려고 애쓰지만, 소비주의 사회에
서 특별한 존재가 되려면 유행의 흐름을 바꿀 수 있는 역동적
인 선택을 할 수 있을 정도의 부를 소유해야 한다. 어떠한 경쟁
자도 따라잡을 수 없는 강력한 선택권이 있어야 한다.

경쟁자를 제치고 절대 우위를 차지하려면, 불과 얼마 전
까지는 없으면 안 됐지만 며칠, 몇 주, 몇 달 만에 쓸모없는 것
으로 전락한 물건을 빨리 치워 없애는 경주에서 반드시 승리
해야 한다. 소비자로서 인간의 가치는 지난해 구매한 아이폰
을 얼마나 빨리 올해 출시된 신제품으로 갈아치우는지에 따
라 달라진다.

이 모든 것이 액체 근대에서 인간의 사회적 지위와 사회적 가치를 평가하는 지표이다.

재생과 재활용, 창조와 파괴는 우리가 속한 이 사회에서 떼려야 뗄 수 없는 패러다임이다. 시장의 목적은 우리의 욕망을 재활용해 계속해서 새로운 소비욕을 재생하는 것이다(고독에 대한 두려움, 사회 순응, 특별한 존재가 되고 싶은 욕망 등 소비욕을 자극하는 요인은 언제나 비슷하다). 그러므로 창조는 영원히 충족되지 못할 욕망의 표현이지만, 그보다 더 중요한 것은 파괴이다. 파괴는 기존의 주관적이고 잘못된 정체성 형성에 결정적인 요인이 된 욕망들을 '흐릿하게' 만드는 행위이다. 현대사회에서는 우리가 그 실현을 위해서 절박하게 투쟁했던 욕망들이 얼마 지나지 않아 파괴되고 재활용되어 새로운 소비 형태로 변형될 것이라는 인식을 바탕으로 새로운 소비 대상을 창조한다.

하지만 인간관계에서 이러한 순환 구조는 작동하지 않는다. 인간관계는 한 번 폐기되면 그걸로 끝이다.

이러한 인식은 점점 보편화되고 있으며, 이로 인해 장 피아제와 같은 심리학자들의 오랜 연구 대상이었던 '동화assimilazione', '조절accomodamento', '균형화riequilibrio'가 반복되며 '한시적으로 영원한' 인간관계가 형성된다.

내 삶에 부족한 것이 무엇인지 이미 알고 있다면 그것을 찾는 데 평생을 바칠 테지만, 무엇이 부족한지 알지 못한다면 오히려 그로 인해 부족한 부분이 무엇인지 쉽게 발견하게 될 것이다.

액체 사랑에 대해 논하다 보면 액체 시대에는 행복한 커플이 존재할 수 없을 것만 같은데 실은 그렇지 않다. 연인 간의 사랑은 지금처럼 사랑의 개념이 변화를 겪고 있는 과도기에도 강력하고 충만하기 때문이다. 역설적으로 액체 사랑은 언젠가는 헤어질 연인들의 이별 시기를 앞당기고 그 과정을 수월하게 만든다. 액체 사랑은 '고체 사랑'보다 맹렬하게 시간을 소모하기 때문에 타협점을 찾기 힘든 연인들의 차이를 부각한다. 액체 사랑은 시간을 휘발유처럼 연소한다. 과거와는 달리 액체 사랑의 시대에는 계속해서 새로운 욕망을 만들어내는 커플이 진정한 커플이다. 함께 새로운 욕망을 생성하고, 서로 같은 리듬과 속도로 공유할 수 있어야 액체 시대의 진정한 커플이다.

더 나아가 액체 시대에 장기적인 이성 관계를 유지하기 위해서는 계속해서 똑같은 상대에게 반해야 한다. 그러기 위해 서로 산뜻한 매력과 매번 새롭게 시작하는 것 같은 느낌을 잃지 않도록 외모는 물론, 행동으로도 끊임없이 변화를 시도해야 한다.

심리학자들은 처음 상대방에게 반한 다음 감정이 최고치에 이른 후에는 반드시 하향곡선을 그리고, 그러다 '사랑'으로 발전한다고 한다. 사랑은 연애 초기의 이끌림보다 훨씬 견고한 감정으로 평온함을 선사하지만, 이 단계에 이르기 위해서는 반드시 초반의 긴장 관계를 거쳐야 한다(우리는 이러한 감정을 '사랑에 빠진다innamoramento'라고 한다).

액체 사랑은 다르다. 액체 세대의 사랑은 불확실하고, 불안정하고, 언제나 유동적인 감정으로, 평온함마저 연인 간 긴장의 균형을 통해 이루어진다.

액체 시대에 누군가를 사랑한다는 것은 아마도 과거보다 훨씬 힘든 일일 것이다. 끊임없이 사고하고 변화하는 두 사람의 사랑을 유지하기 위해서는 둘 사이에 타협점에 이르는 것이 중요한데, 그러려면 둘 다 만족할 만한 속도로 달려야 한다. 한 명이 상대방보다 욕망을 연소하는 시간이 지나치게 빠르거나 느리면, 그것은 곧 재충전의 시간이 필요하다는 의미다. 함께 재출발하기 위해 잠시 '정차'해야 한다는 의미이다. 많은 커플은 '정차'를 다툼의 형식으로 표현한다. 다툼이라는 폭발을 통해 벌어졌던 두 사람 사이의 거리가 초기화된다. 처음 보는 두 사람이 우연히 건물 3층에 함께 있는데, 1층에서 강렬한 폭발음이 들렸다고 가정해보자. 둘은 어떻게 행동하겠는가. 분명 모르는 사이라도 눈빛을 교환하고 대화를 시작하고, 탈출 방법을 의논할 것이다. 폭발로 인한 위기감은 생면부지의 사람들마저 대화하게 만든다.

다툼은 관계를 보호해주는 폭발이다. 다툼으로 인해 개인의 욕망이 아니라, 커플로서 두 사람의 관계에 관심을 집중하게 되기 때문이다. 희극작가 푸블리오 테렌치오 아프로 Publio Terenzio Afro는 "사랑 싸움은 사랑을 완전하게 한다"라고 했다.

최근 《허핑턴 포스트》에는 「성공적인 커플이 다투는 법」이라는 기사가 실렸다. 브리타니 웡Brittany Wong이 여러 전문가의 의견을 종합해서 일종의 '건강한 사랑 싸움의 기술'을 담은 지침서를 만든 것이다. 그녀는 우선 '싸움을 피하지 말라'고 한다. 그리고 '싸움을 시작하기 전에 반드시 천천히 말해야 한다는 사실을 기억하라'고도 한다. 오랫동안 서로의 관계에 만족하면서 살아온 행복한 커플이 분노를 터뜨리며 상대방에게 언어적 폭력을 가하는 경우는 드물다. 초등학생처럼 상대방에게 인신공격하는 등의 수준 낮은 전략은 펴지 않기 때문이다.

건설적으로 다툴 줄 아는 커플의 두 번째 특징은 '흥분을 가라앉히는 방법'을 안다는 것이다. 속으로 1부터 10까지 숫자 세기, 명상하기, 마음을 평온하게 해주는 대상 떠올리기 등 그 방법은 다양하다. 그다음에는 '상대방이 말하는데 같이 말하지 않기', '상대방의 감정과 의견을 받아들이기' 등 다툴 때 서로 존중해야 할 규칙을 정해야 한다. 또 '그 어떠한 경우를 막론하고 상대방이 자신에 대해 의구심을 품었을 때 이에 대한 긍정적인 면'을 인정하고, 마지막으로 '커플은 한 팀'이라는 사실을 잊지 말아야 한다.

미국의 많은 사회 심리학자들이 롱런하는 커플은 관계 초기에 둘만의 언어를 만든다고 한다. 주변 사람들은 이해할 수 없는 그들만의 언어 말이다.

사랑은 연인들로 하여금 자신들만의 언어를 창조하게 할 정도로 강력한 인간적인 충동이다. 그리고 이렇게 만들어진 언어는 두 연인이 외부 세계와 이루어낸 타협의 완벽한 결과물이다.

할레드 호세이니Khaled Hosseini의 소설 『그리고 산이

　　　　사랑과 소유 : 가질 수 있으면 가져야 한다

울렸다』에 이런 내용이 나온다. "그들의 다툼은 끝났다기보다는 희석되었다. 물그릇에 떨어진 잉크 한 방울처럼, 그렇게 사라지지 않는 흔적을 남겼다." 여기서 호세이니가 말하는 사라지지 않는 흔적은 액체가 범람하는 이 시대에 유일한 사랑의 불꽃을 지키는 불씨이다. 비록 희미한 흔적이지만 그 힘은 그 무엇보다 강력하다. 그렇기에 커플들은 다툼을 통해 상대방에게서 멀어지는 감정을 경험하고, 상대방을 잃는 것이 어떤 의미인지 깨닫게 된다. 재점화된 욕망이 시장이 바라는 것과 같이 외부를 향하지 않고, 커플 내부를 향하는 것이다.

액체 사랑의 시대에 모든 커플은 그저 함께 있는 것이 아니라, 개별적인 주체로서 함께한다는 사실을 명심해야 한다.

액체 사랑 : 지금 당장 있지도 않은 사랑을 찾아내야 한다는 부담감

지그문트 바우만과의 대담을 담은 『액체 세대』에서도 언급한 바와 같이, 웹이 제공하는 감정을 자극하는 전자상거래는 엄청난 성공을 거두었다. 연인들 간 시간적 거리감을 좁히고 적어도 겉으로 보기에는 감정적으로나 성적으로 좋은 결과를 얻는 것처럼 보이게 해서 새로운 욕망을 만들어냈기 때문이다.

왓츠앱, 텔레그램, 스냅챗, 메신저, 틱톡과 같은 소셜네트워크는 시간을 단축해 과거보다 훨씬 신속하게 원하는 대상에 도달하게 해준다. 이는 시간적인 장애물을 얇은 막처럼 만들어 공간적 거리감을 없앤 전례 없는 즉각적인 교류 방식이다.

최근 누가 '너를 만나려면 몇 킬로미터나 여행해야 하지?'라고 묻는 것을 들어본 적이 있는가? 요즘 사람들은 보통 '로

마에서 너를 만나러 마이애미까지 가려면 얼마나 걸리지?'라고 묻는다. 하지만 이러한 현상으로 인해 상대방 중심의 사랑이 아니라 자신을 중심에 두는 개인주의적인 사랑으로 회귀할 위험성이 높아진다.

(완벽하지는 않지만 비교적) 공동체 중심이었던 과거 사회에서는 사람들에 대한 다양한 기대가 융합되는 경향이 있었다. 그러다 보니 종종 '잘 지낸다'는 기준, 더 달콤한 표현으로는 '행복'의 기준을 우리 자신이 아닌, 외부의 무엇인가에 투영하는 경우가 지금보다 더 많았다.

그 시대에 웹은 존재하지 않고 텔레비전만 있었던 것은 결코 우연이 아니다. 텔레비전은 인터넷과 마찬가지로 사람들을 즐겁게 하기 위해서 만들어졌다. 적어도 겉보기에는 그렇다는 말이다. 사람들은 텔레비전을 매개로 대중 속에서 개인적인 문제들의 해답을 찾을 수 있기를 바랐지만, 그것은 상호작용이 부재한 상태에서 경쟁과 인정을 통해서만 이루어졌다. 이러한 상호작용의 부재는 꿈이 정말로 이루어질 것이라는 헛된 희망으로부터 오히려 그들을 보호해주었다. 텔레비전은 실낱같은 희망을 품고, 실현 불가능한 꿈에 부분적으로나마 참여할 기회를 주었다. 복권처럼 말이다. 그에 비해 웹은 겉보기에 불가능해 보이는 것을 가능하게 해주었으며, 더 나아가 가상의 세계에서 이상적인 공동체를 만들겠다는 약속을 바탕으로 매우 빠르게 확산되었다.

이러한 현상은, 불확실한 목표는 아예 달성되지 않는 편이

쇠퇴와 몰락으로부터 인류를 보호해준다는 사실을 증명한다.

공동체의 개념이 상실된 액체 사회에서 우리는 존재하지 않는 인간을 이상화하고, 과시하려 하며, 사회는 지금 당장 그러한 인간을 찾으라고 강요한다. 우리는 사회가 개인에게 무상으로 제공하는 모든 수단을 동원해 목표를 달성하기 위해 꾸준히 노력하지만, 결국 실망과 좌절만 맛볼 뿐이다. 이상적인 인간을 찾으려는 우리의 노력은 언제나 씁쓸한 현실과의 괴리를 맛보며 끝난다. 이상적인 동반자, 사랑하는 사람, 오랜 세월 찾아 헤맨 이상화된 사랑의 대상은 존재하지 않는다. 이러한 탐색의 성격이 본질적으로 쉽게 변할 수 있기 때문이다. 이상적인 연인상은 다양하고 특별한 기대 속에서 계속해서 변화하는데, 그 이유를 논리적으로 설명하기는 힘들다. 이상적인 파트너를 찾으려는 시도가 쏜살같이 흐르는 한시적이고 덧없는 시간의 노예가 되어 계속해서 변화한다면, 그 노력은 결국 헛되게 될 것이다.

자기 자신조차 갈수록 빨라지는 시간의 흐름을 따라잡기 힘든 마당에, 어떻게 상대방까지 그 흐름에 맞출 수 있겠는가. 오늘날과 같은 소비주의 사회에서는 더욱 그렇다.

사랑의 기준이 되어줄 연인은 '찾는 것'이 아니라 '창조' 되어야 한다. 설령 이상형을 찾는다고 해도 오래가지 못할 것이므로 그 노력은 결국 실패로 끝날 것이다.

오늘날 사랑은 분명 '타인에 대한 사랑'이 아니라 '자신에 대한 사랑'에 가까워지고 있다.

휴지통이 우리를 갈라놓을 때까지

사람들은 소셜네트워크에 올라와 있는 글들을 도시 외곽의 성벽을 장식하는 저속하고 의미 없는 낙서 정도로 생각하지만, 내 생각은 다르다. 나는 제대로 분석만 한다면 소셜네트워크는 최신판 사회학 사전이나 마찬가지라고 생각한다(물론 이 과정에서 인터넷의 익명성이 글에 미치는 영향은 충분히 고려해야 할 것이다).

SNS에서 잊을 만하면 한 번씩 나타났다가 사라지고 다시 나타나는 포스트가 있다. 이미지는 다르지만 글은 똑같고, 지역에 상관없이 페이스북에서 '좋아요' 수가 꽤 높다.

노부부가 포옹한 채 미소 짓고 있는 사진 아래 이런 글이 쓰여 있다.

"70년을 함께 하신 비결은 무엇인가요?", "우리는 물건이 고장 나면 바로 버리지 않고 고쳐서 쓰던 시대에 태어났거든요."

이 포스트가 사진이 예뻐서 인기가 많은 것이 아니라(사실 사진이 예쁘지도 않은데 관심을 끈게 놀라운 일이기는 하다. 소셜네트워크에서는 대개 이미지가 아름다워야 관심을 받으니까) 특정한 사회 현상을 반영하기 때문이라는 것을 어렵지 않게 이해할 수 있다. 실제로 이 포스트에 댓글을 단 사람들은 대부분 이성이 삶의 유동성을 제어하던 시대를 조금도 경험하지 못한 액체 세대에 속하는 젊은이들이었다.

시대를 막론하고 모든 20대가 가장 갈망하는 욕망의 대상은 자동차일 것이다. 자동차를 간절히 원하던 80년대의 20대와

사랑과 소유 : 가질 수 있으면 가져야 한다

자동차 판매원의 만남, 그리고 요즘 20대와 자동차 판매원의 만남을 비교해서 상상해보자.

우선 요즘 사기당하지 않고 차를 사려면 적어도 금융, 대출, 자동차 보험과 관련된 정보를 완벽하게 꿰뚫고 있어야 한다. 준비 과정이 이토록 복잡한 것만 봐도 100% 만족스러운 구매가 힘들겠다는 사실을 직감할 수 있다. 결정해야 할 사항이 너무나 많아서, 적어도 한 가지 이상의 실수는 할 것 같고, 그렇지 않더라도 뭔가 해결되지 않은 문제가 있을 거라는 찝찝한 마음이 남아 있을 것이기 때문이다. 구매 계약서를 체결하기 전까지 해결해야 할 문제는 그만큼 많다.

그럼 이제 본론으로 들어가 보자. 자동차 판매원은 20대에게 자동차를 판매하기 위해 지금 구매할 자동차가 평생 쓸 물건이 아니라, 사용하다 최대한 비싼 가격을 받고 언제든 처분할 수 있는 물건이라는 점을 강조할 것이다.

새 차를 1년만 사용하고 판매하면, 새것과 거의 똑같은 값을 받을 수 있다고 구매자를 꼬드기는 것이 일반적인 판매 수법이다.

'모두가 부러워할 만한 이 멋진 차를 1년 동안 공짜로 타실 수 있다'는 말은 구매 계약서를 눈앞에 둔 사람의 엔돌핀을 자극할 것이다.

요즘 자동차 전시장에서 구매욕을 자극하는 최고의 제안은 '돈이 나가는지도 모를 정도로' 좋은 조건으로 자동차를 주겠다는 말이다. 보통 자동차를 구매할 때는 몇 년 동안(대개 3년이다) 한 달에 몇백 유로 정도의 할부금을 지급하거나,

자동차 가격을 일시불로 지급해야 한다(물론 수십만 유로에 육박하는 차 대금을 한꺼번에 지급하기가 쉽지는 않겠지만 말이다). 아니면 자동차를 구입한 후 어느 정도 기간이 지난 후에 판매자에게 돌려주면, 잔금을 치를 필요도 없이 놀라운 특가로 아직 번호판조차 나오지 않은 최신 버전의 동일모델 자동차로 돌려받는 기적 같은 방법도 있다. 게다가 두 번째 차에 대해서도 처음과 똑같은 구매 혜택을 누릴 수 있다. 이 책의 집필이 끝날 때면 이미 유행에서 뒤처진 것이 되어 있을 것이 분명하기에 일일이 거론할 필요조차 없는 수많은 첨단 기기부터 스마트폰까지… 모든 청년을 유혹하는 (특히 경제적인 것과 관련된) 욕망의 대상은 이런 방식으로 판매된다.

시간이 갈수록 어떤 제품을 선택할지 몰라 결정 장애를 겪는 소비자들이 늘고 있기 때문에 휴지통이 소비자와 제품을 갈라놓을 때까지 사용할 수 있도록 보장하는 보증 기간이 중요해졌다. 이제 제품은 조건 없는 소비의 희생양이 되었다. 갑자기 프랑스 극작가 보마르셰Beaumarchais의 희곡「피가로의 결혼」의 한 구절이 떠오른다. "목마르지 않아도 마시고, 아무 때나 사랑을 나누는 것, 부인! 이것이 동물과 인간을 구분 짓는 유일한 차이랍니다."

제품의 보증 기간은 2년, 3년 그리고 드물게 5년 동안 유효한데 과거와는 달리 요즘 보증 기간은 실제로 제품을 사용할 수 있는 기간이 아니라, 제품을 향한 욕망의 불씨가 살아 있는 기간이다.

특정 대상을 향한 욕망은 2년, 3년, 그리고 아주 간혹 5년

사랑과 소유 : 가질 수 있으면 가져야 한다

동안 유지된다. 제품을 소유하고자 하는 욕구가 유지되는 기간을 정확히 예측해서 엄청난 이윤을 창출하는 마케팅 전문가들은 이러한 사실을 잘 알고 있다.

심리학자들이 '반함'과 '사랑'이 지속되는 시간에 관해 이야기할 때도 이와 비슷한 기간이 언급되는 것은 우연이 아니다.

사랑이 지속되는 기간에 관한 수많은 연구에 따르면, 처음 반했을 때의 감정은 가장 보편적으로는 약 1년, 그보다 좀 짧은 경우는 6개월, 그리고 극히 드물게는 2년간 지속된다. 많은 이들은 사랑이 일종의 화학 물질이며, 인체가 의도적으로 생산하는 다른 화학 물질의 영향을 받는다고 말한다.

미국 시러큐스 대학 연구진은 최근 《성의학저널Journal Medicine of Sexual》에 「사랑에 빠진 사람들의 뇌영상Neuroimaging of Love」이라는 논문을 발표했는데, 이에 따르면 사람이 반하는 데 걸리는 시간은 1/5초도 채 안 된다고 한다. 논문에 따르면 사람이 반하는 과정은 생각보다 뇌의 활동과 깊은 연관이 있다. 사랑에 빠지는 그 짧은 순간, 뇌의 열두 부분이 작동하면서 도파민, 옥시토신, 아드레날린과 같은 행복을 유발하는 화학 성분을 배출하기 시작한다. 그뿐만이 아니다. 과학자들은 사랑이 심적 표상, 신체상身體像과 같은 섬세한 인지 기능에도 영향을 미친다고 한다.

제드 다이아몬드Jed Diamond와 같은 일부 심리치료사들은 사랑의 5단계를 알면 사랑의 비밀을 깨달을 것이라고 했는데, 여기서 사랑의 5단계란 서로에게 반하고, 커플이 되고, 눈에서 콩깍지가 벗겨지고, 현실적이고 장기적인 관계를 형성하고, 마지막으로 합심해서 세상을 바꾸는 것이다.

여기서 중요한 것은 단계별 개념보다는 사랑과 같이 유동적인 개념을 견고한 도식에 맞추려 한 시도 그 자체이다. 시간이 갈수록 사랑은 개인적인 개념이자 지극히 주관적인 감정이 되어가고 있다. 장기적인 관점에서 사랑을 분류하는 것은 불가능하다. 특히 요즘 같은 시대에 유일하게 확신할 수 있는 것은 시장 그리고 어쩔 수 없이 시장의 노예가 되어버린 사회와 사랑의 유사성뿐이다.

사랑은 영원하다고? 길어야 5년!

사람들은 모든 것을 분류할 수 있다고 믿는 오류를 자주 범한다. 인간은 애정, 사랑, 일과 같이 비물질적 대상까지 명확하게 분류할 수 있다고 믿고 싶어 한다. 이러한 심리는 아마도 '이익'과 관련이 있을 것이다. 예컨대 인간은 태그를 붙일 수 있는 (다시 말하자면 평가할 수 있는) 모든 대상에 인간의 욕망, 즉 미래의 방향성을 담은 인간의 의지를 주입해 유용하게 쓸 수 있을 거라 생각한다.

사랑과 연애도 마찬가지다. 연애를 갓 시작한 연인들의 가장 큰 고민은 자신들의 관계를 명확하게 정의하고, 정확한 명칭을 부여하는 것이다. 물론 이는 인간의 본성이기에 놀랍지는 않다(인간은 미래를 이상화함으로써 현재를 침범하고 제한하는 유일한 존재일 것이다). 그렇다면 현대인이 '사랑에 붙이는 태그'는 과거에 비해 어떻게 변했을까? 우선 태그의 시간성이 변했다. 모든 이야기가 '그리고 그들은 오랫동안 행복하게 살았습니다'로 끝나던 시절, 사랑은 '영원'하고 무한한 개념이었다. 유일무이하고 반복될 수 없는 감정으로 평생 모두가 부러워할 만한 단 하나의 사랑 이야기만이 존재했다. 하지만 요즘 사랑에는 '지나치게 부담스럽지 않아야 한다'는 꼬리표가 붙는다. '그리고 그와 그녀는 한동안 행복하게 살았습니다'의 시대에 사는 현대인은 사랑을 모든 일에 우선시하지는 않는다.

갈수록 공동체 의식이 희박해지는 개인주의 사회의 일원으로서, 인간은 내일이 오늘보다는 나을 거라고 매일같이 되뇐다. 불안정할수록 더욱 완벽하게 이상화할 수 있는 미래를 위해 현재를 희생해야 한다고 다짐한다.

프란치스코 교황과 대화를 나누면서 젊은 신학생이 한 흥미로운 말을 들은 적이 있다. 그 신학생은 "10년만 신부로 일할 생각입니다. 길어봤자 15년이지 평생 사제로 있을 생각은 없습니다"라고 했다.

2017년 이탈리아 통계청에 따르면 이탈리아는 세계적인 고령화 국가이다. 고령화 사회는 출산율이 낮고, 기대 수명은 높다. 혼인율은 다시 증가하는 추세지만 이혼율보다는 낮아서 매년 1인 가구가 비정상적으로 늘고 있다. 실제 이탈리아 전체 가구의 31.6%가 1인 가구이다.

「역사상 최고의 싱글 전성기」라는 의미심장한 제목의 CNN 프로그램에서 저널리스트 벨라 데 파울로는 2017년, 미국에서 배우자나 파트너 없이 혼자 사는 1인 가구 비율이 전체 인구 대비 42%에 육박한다고 했다. 그뿐 아니라 미국 인구통계청이 발표한 자료에 의하면 같은 해 미국의 미혼인구 비율 역시 최고 기록을 세웠다. 미국 국민 중 1억 1천만 명이 이혼 혹은 사별로 파트너를 잃었거나 평생 싱글이었으며, 커플이 결혼하기까지 걸리는 기간도 길어졌다. 미국의 평균 초혼 연령은 남성은 29.5세, 여성은 27.4세이다(여기서 방점은 초혼 연령이라는 데 있다).

스웨덴도 사랑을 논할 때 자주 거론되는 국가이다. 스웨덴은 높은 생활수준, 탄력적인 근무 조건과 아름다운 자연환경 덕분에 세계에서 가장 인기 있는 이민국으로 손꼽힌다. 스웨덴의 주요 종교는 가장 진보적인 성향의 기독 교파인 루터교로, 세계 최초로 레즈비언인 에바 브룬이 주교로 임명되기도 했다. 경제학자인 자크 아탈리는 스칸디나비아 국가들에 대해 "사회적 분위기가 좋고, 최첨단 산업, 세계적인 대학, 풍부한 석유자원, 높은 교육 수준, 뛰어난 안보, 안정적인 사회보장 시스템을 갖춘 국가들이며, 비록 해수면 상승이라는 위험 요소가 있기는 하지만 역설적으로 지구 온난화로 인해 향후 오히려 살기 좋아질 것이다"라고 했다.

　　BBC 기자 매디 세비지Maddy Savage는 "스웨덴 사람들은 영어를 세계에서 가장 유창하게 구사하는데, 이는 갈수록 증가하는 이민자들이 스웨덴 사회에 연착륙하는데 중요한 요소다"라고 했다. 하지만 같은 기사의 '2015 스웨덴 통계청이 발표한 자료에 의하면, 동반자나 가족 없이 스웨덴으로 이주한 이민자 4명 중 1명만이 5년 이내에 동반자를 찾았다'는 내용도 있다.

몇 년 전부터 스웨덴에서 거주하고 있는 미국 심리치료사 데이비드 슐츠David Schutz는 이들 중 대다수가 자신의 의지로 싱글라이프를 선택한 것은 아니지만, 다른 국가에 비해서 스웨덴은 적어도 이성 관계에서만큼은 관습에 얽매이지 않는다고 했다. 이는 스웨덴 사회가 자유분방하기 때문이다. 스웨덴에서는 연애는 하면서도 동거하지 않을 수도 있고, 결혼 제도의 구속력이 강하지 않으며, 아이가 생겨도 결혼하지 않아도 된다. 스웨덴은 이러한 면에서 다른 국가들과 문화적 차이가 크다.

스웨덴은 분명 개인주의 성향이 강한 사회이며, 최근 들어 그렇지 않은 다른 국가들도 이러한 추세를 따라가고 있다. 이 과정 역시 끊임없이 변화하는 시장의 움직임과 매우 유사하다. 현대인은 불안과 현기증에 시달리면서도 자신이 어떤 큰 대가를 치르는지 알지도 못하고, 롤러코스터처럼 요동치는 주식시장에 지나치게 완벽하게 동화되고 말았다.

사랑은 우연히 찾는 게 아니라 만드는 것

액체 사회에서는 물건이 망가지면 고치지 않고 곧바로 내다 버린다. 소비자들은 제품을 무상으로 수리받을 수 있는 품질 보증 기간을 기준으로 물건을 구입하는 순간 이미 제품의 수명을 안다.

1950~1970년대 태어난 세대는 이러한 개념이 애정 관계나 연애 관계에 적용되지 않은 시기를 부분적으로나마 경험

했다. 이들은 사랑을 에로스로 착각한 혼란스러운 비주류를 다혼주의나 폴리아모리*로 규정했다. 하지만 80년대 이후에 태어난 세대는 사랑이 '생산의 대상'에서 '소비의 대상'으로 변화하는 과정을 직접 보고 경험했다.

에리히 프롬Erich Fromm은 『사랑의 기술』에서 사랑은 단순히 특정한 사람과의 관계만을 의미하는 것이 아니라고 했다. 그는 사랑이란 특정한 '사랑의 대상'이 아니라 인간을 둘러싼 세상과의 관계를 규정하는 성향이자 태도라고 했다. 이는 곧 사랑이란 길을 가다 우연히 발견하는 것이 아니라 생산하는 것이라는 의미이다. 그에게 사랑은 우연히 발견한 '물건'이 아니라 인간의 생산물이었다.

프롬이 『사랑의 기술』을 출간한 1956년도만 해도 사랑은 아직도 생산이 중심이던 사회의 산물이었다. 하지만 소비와 소비능력만이 존경과 선망의 기준인 현대사회에서는 모든 것이 변했고, 그 결과 사람들은 순전히 운이 좋아서 짝을 찾았다고 믿게 되었다.

"이렇게 천생연분을 만나다니 정말 행운이군요." 이 모든 것은 생산을 중단하고 구성원들의 무의식에 생산의 욕망 대신 끊임없이 새로운 소비의 욕망을 주입하는 사회 때문이다.

누구나 사랑을 찾을 수는 있지만, 사랑을 생산하기 위해서는 희생과 정성이 필요하다. 그렇게 만들어낸 사랑을 유지하

---

* 일부일처제를 고집하지 않고 배우자의 또 다른 애정관계를 인정하는 비독점 다자 연애

기 위해 끊임없이 노력하고 보완해 나가야 한다. 하지만 폐기 대상이나 교체 대상에는 그런 노력을 기울일 필요가 없다.

열심히 노력해서 만들어내고, 소중하게 지키고, 연인과 공유하는 사랑보다 우연한 만남으로 인한 사랑이 요즘 시대 정신에 더 부합하는 듯하다. 눈앞의 이익만 좇기를 종용하는 요즘 시대에, 장기적인 계획을 세우기는 쉽지 않다. 이러한 사회에서는 승리를 위한 인간의 노력이 주식이나, 끊임없이 변화하고 어느 순간 사라졌다가 인기 태그를 통해 부활하는 스마트폰 애플리케이션의 성공 사례와 같은 취급을 받는다. 직업과 인간관계처럼 눈 깜짝할 사이에 유행에 뒤처지는 애플리케이션 말이다.

이러한 삶의 방식과 날이 갈수록 상호연관성이 강해지는 환경으로 인해 요즘 젊은 세대는 사랑이라는 개념의 근본적인 '변모metamorphosi'를 목격할 수밖에 없다.

요즘 소셜네트워크에는 다른 이들에게 조언을 구하거나 불만을 토로하거나, 직장 생활이나 연인과의 관계에서 경험한 실망감을 올리는 글이 늘고 있다. 실제 '웬만해서는 인터넷에 이런 이야기를 잘 안 하는데, 이번만큼은 참을 수 없다'라는 문장으로 시작하는 글이 꽤 많다. 소셜네트워크 활동을 열심히 하는 사람이라면 이런 문장을 아마 하루에 백 번 이상은 읽을 것이다. 재미있는 것은 이런 사람들도 결국 비슷한 글을 쓴다는 것이다.

SNS에 연애 사진을 올리는 것도 마찬가지다. 순풍에 돛 단 배처럼 빠르게 퍼질 것을 알면서 사적인 사진을 올리는 행위는 은밀한 변화의 욕망이나 도움을 청하고 싶은 마음을 반영한다. 미소 짓는 얼굴을 프로필로 올려서 많은 사람에게 자신의 모습을 과시하려는 심리와 유사하다.

이 모든 것이 '자기 자신에게 반한 자아'의 이미지를 구축하는 과정의 일환이다. 현대인은 자신의 외적·내적 아름다움을 과시함으로써 '사랑'이라는 지극히 사적이고 개인적인 문제의 해결책을 찾으려 한다.

자기 자신을 사랑하는 자아의 개념이 확실히 구축되면 '내가 나를 사랑하니까 다른 사람도 나를 사랑할 수밖에 없다'는 논리가 성립된다. 실제로 개인주의적인 사회에서는 타인이 자신의 기준에 맞추는 것은 당연하게 여기고 그 반대는 당연하지 않게 여긴다.

지그문트 바우만이 『액체 인생』에서 서술했듯 "자기 해방과 자기과시의 표현인 개별성에는 […] 해결 불가능한 모순점이 있다. 개인에게 사회는 요람이자 종착점으로서 없어서는 안될 존재다. […] 개별성individualità은 개인주의 사회가 그 구성원들에게 부여한 과제다. 하지만 이 과제는 자기 모순적이며 궁극적으로는 실패할 것이 분명하다. 아니, 어쩌면 그 임무를 수행하는 것 자체가 불가능한 것일지도 모른다. 이는 개별성이 개인적인 깨달음의 탈을 쓴 사회 변화의 최종 결과물이기 때문이다.

사람들은 SNS에서 세계적으로 성공한 사람들과 자신을 동일시한다. SNS에 접속해 프로필에 사진과 글을 올리는 것은

사랑과 소유 : 가질 수 있으면 가져야 한다

그 사람의 자아가 아니라, 로그인할 때마다 화면 속에 나타나는 사람에게 자신을 동일시하는 SNS 이용자이다. 소셜네트워크는 이러한 심리를 바탕으로 태어나고 대중화되었다.

그러므로 심리학적인 관점에서 볼 때, SNS에 글을 올리는 것은 그 사람의 '자아'가 아니라 '확장된 자아', 즉 이상화된 자아이다. 에펠 타워 아래서 찍은 기념사진을 사진첩에 고이 넣어 서랍에 넣고 간직하는, 그런 부류의 자아가 아니라는 의미다. '확장된 자아'는 역동적인 자아다. 그리고 웹은 '확장된 자아'를 만들지는 않았지만, 있는 그대로 인정해주었다.

'확장된 자아'는 끊임없이 자신에 대한 정보를 제공하고, 새로운 정체성을 만들어 가는데, 그 과정에서 로그인할 때마다 반복적이고 거의 무의식적으로 가상 세계의 자아와 자신을 동일시한다. SNS 프로필이 아무리 사용자의 이미지를 투명하고 일관되게 반영한다 해도, 이러한 과정은 필수적이다. 현실에서는 이러한 과정이 필요 없는데, 그것은 자아와의 동일시가 기록으로는 남지 않는 기억의 영역에 속하는 (즉 무의식적으로 접근이 가능한) 지속적이고 자연스러운 과정으로, 아무런 흔적을 남기지 않기 때문이다.

현대 심리학에서 주장하듯 인간을 구성하는 모든 요소는 상호연관성이 있다. 무의식은 '어둠 속'에서도 쉬지 않고 작업하면서, 뇌에 들어오는 모든 정보를 혼합해, 때로는 불확실하지만 새롭고 유의미한 결과물을 만들기 위해 애쓴다.

사랑에 관해 이야기할 때, '변모'라는 표현을 사용하는 것은 올바른 선택이다. 독일 사회학자 울리히 벡Ulrich Beck 역시 이 단어의 중요성을 부각했다. "변모는 변화transforma-tion도 진화도, 혁명도, 위기도 아니다. 변모란 인간 존재의 본성이 변하는 것으로, 현대사회는 변모가 초래한 부작용의 시대이다."

비록 완전히 정확하지는 않더라도 변화는 일정한 논리로 예측할 수 있다. 물론 이러한 예측이 한발 늦을 때도 있다. 하지만 카프카*가 말했듯 '변모 혹은 변신'은 예측 불가능하며, 비논리적이다.

바우만은 현대인에게 백화점 쇼윈도는 행복으로의 초대장이라며 시간이 흐를수록 행복이 몇 푼 안 되는 돈으로 살 수 있는 감정이 되어가고 있다고 했다.

현대사회에서는 '사랑에 빠지는 것'도 백화점처럼 불완전하고 한시적인 감정이어야 한다. 그래야 끊임없이 재생되어 보다 많은 기업의 이윤 창출에 기여할 수 있을 테니까.

시장의 주 고객으로 떠오른 싱글족

데이트 사이트 스피드 데이트SpeedDate.it의 조사에 의하면 2007년부터 2017년까지 이탈리아의 1인 가구는 무려 21%나 증가했다고 한다. 또, 싱글족은 가정이 있는 사람들보다 소비력이 2배나 높고, 여행을 떠나는 사람의 비율도 22%나 많아서, 2026년까지 연인을 찾아 여행을 떠나는 싱글족의 인구는 매년 9%의 증가세를 기록할 것으로 예측된다. 이러한 데이

---

* 카프카의 소설 『변신』도 'metamorphosis'이다.

사랑과 소유 : 가질 수 있으면 가져야 한다

터는 모두 이탈리아를 기반으로 한 것이지만 세계적인 추세도 크게 다르지 않다.

현대인은 오직 욕망과 소비의 대상을 찾기만을 바라는 것 같지만 삶은 욕구를 완전히 만족하기는 불가능하다는 사실을 확인하는 과정의 연속이고, 그렇기에 '다른 선택의 문'을 열어 놓을 수밖에 없다.

인간은 삶의 마지막 날까지 (물론 어떤 대가를 치르더라도 마지막 날을 최대한 미루려 하지만) '영원'이라는 말의 덫에 얽매이지 않고 처음부터 다시 시작할 수 있기를 바란다.

이것은 사랑과 연애, 혹은 단순히 성적인 관계에서도 마찬가지이다. 이러한 관계에서 욕망이 욕망의 대상을 대체하는 현상이 일어난다(현대사회는 '욕망의 대상'이 '욕망의 욕망'을 대체하는 사회이다). 현대사회에서는 특별한 욕망의 대상이 부재한 상태에서도 욕망이 끊임없이 재생산되며 지속적으로 자극-반응 현상이 일어난다(자극-반응 이론은 현대 심리 치료와 심리학 이론의 중요한 패러다임이기도 하다). 이과정에서 인간은 충동을 해소하기를 기대하지만, 단 한 번도 충동을 제대로 해소하지 못하고, 해소되지 못한 충동은 자아가 형성되는 과정 속에서 쌓여간다.

1994년 출간된 『이마골로기*, 미디어 철학Imagologies. Media Philosophy』에서 마크 타일러Mark C.Taylor와 이사

* 현대인이 더 이상 논리적인 체계로 생각하고 말하고 행동하는 것이 아니라 감성적인 이미지에 지배를 받고 살아가는 존재임을 알리기 위해 밀란 쿤데라가 만든 단어

사리넨Esa Saarinen은 "욕망이 원하는 것은 충족이 아니다. 욕망은 욕망을 욕망한다"라고 했다.

그렇게 사랑은 정의할 수 없는 개념이 되었다. 사람들은 사랑의 얼굴을 모른 채 전보다 만족스러운 새 출발을 기대하며 사랑을 끊임없이 이상화하고, 재활용한다. 하지만 이로 인해 사랑에 빠진 이들은 영원히 뿌리 내리지 못한 채 '공중에 붕 뜬 상태'로 남는다. '공중에 붕 뜬 상태'라는 표현은 프란치스코 교황이 사용한 표현이다. 그는 웹으로 인해 젊은이들이 근본 없는 사회에 좌지우지되면서, 갈수록 뿌리 내릴 기회를 잃고 "공중에 붕 뜬 상태"에 있다고 했다.

사랑과 소유 : 가질 수 있으면 가져야 한다

3

사랑을 파괴하는 사회는

민주주의도 파괴하는 법

포스트 빈곤 시대에서 벗어나길 바라며

사랑받고 싶은 욕구와 공동체에 소속되고 싶은 욕구. 이는 80년대 이후에 태어나 이른바 '포스트 빈곤post poverty의 시대'에 성장한 액체 세대의 가장 시급하고, 동시대적인 욕망이다.

　현대인은 마음만 먹으면 뭐든 가질 수 있을 것 같지만, 실제로는 그렇지 않은 시대를 살아가는 피해자이다. 역사는 '심리적 빈곤'이 팽배한 새로운 단계, 즉 포스트 빈곤의 시대에 진입했다. 포스트 빈곤 시대의 인간은 매일 매 순간 자신의 결핍을 확인하며, 심리적 빈곤 상태를 자각한다. 포스트 빈곤 시대를 사는 액체 세대는 어린 시절부터 끊임없이 갱신되는 물질을 주입 받으며 살아온 인류 최초의 세대이다. 이들은 가지고 있는 물건을 다 소비할 틈도 없이 새로운 물건을 받았다. 이들에게는 언제나 새로운 시작만이 있을 뿐, 끝이 없다.

　포스트 빈곤의 시대에 성인이 된다는 것은 어떠한 '존재가 되고 싶다는' 희망이 무엇인가를 '소유하고 싶다'는 단순한 욕망으로 변하는 것을 의미한다.

　심리적 빈곤을 설명하는 데 가장 적합한 분야가 바로 교육이다. 어떤 대학생이 건축가가 '되기를' 희망하며 건축학을 전공했다고 하자. 하지만 실제로 그는 건축과 학사 학위를 '소유하는 것'에 그쳤다. 일자리가 없어서 자신의 바람대로 '건축가라는 존재'가 되지는 못했기 때문이다. (집안이 엄청나게 좋거나 세기 힘들 정도로 0이 길게 붙은 숫자가 찍힌 은행 계좌의 소유자가 아닌) 일반적인 '흙수저' 대학 졸업생들의 처지도 별반 다르지 않다. 현실적으로 대학생들은 대학에서 자신의 존재 가치를 높이기 위해서가 아니라 '자신이 소유하고 있는 것'의 가치를 높이기 위해 공부한다.

에리히 프롬은 특정한 대상을 '가지는 것'과 특정한 대상이 '되는 것'의 차이를 매우 분명하게 설명하고 있다. "소유의 양식에는 나와 내가 소유하는 대상 사이에 살아 있는 관계가 생길 수 없다. 나의 소유물과 '나'는 물건이 되었으며, 내가 물건을 소유하는 것은 그것을 나의 것으로 만들 수 있는 힘이 있기 때문이다. 하지만 그 반대의 관계도 성립된다. 나의 정체성, 즉 정신적 균형이 내가 소유하고 있는 것(인간은 최대한 많은 것을 소유하려 한다)을 기반으로 형성되므로, 역으로 내가 소유하고 있는 것들이 나를 소유한다고도 말할 수 있기 때문이다. 이 존재 양식에서는 주체와 대상 간 생산적이고 살아 있는 관계가 형성되지 않는다. 소유에 의한 존재 양식은 주체와 대상을 모두 물질로 만든다. 그러한 관계는 생명의 관계가 아닌, 죽음의 관계이다."

그러므로 포스트 빈곤 사회의 사람들은 갈수록 시장 가치가 떨어지는 '훈장'과 물건을 쌓아 놓는다. 이러한 사회는 '언젠가는 자신이 원하는 존재가 될 수 있을 거라는 희망을 품도록' 사람들을 유도하면서, 실제로는 그럴 기회를 박탈하고, 결국 헛된 환상과 실망에 빠뜨린다.

이는 좌절과 심리적 빈곤을 초래하는 일종의 폭력이다. 심리적 빈곤은 이성적으로는 자신은 충분히 그러한 '존재'가 될 수 있다고 생각하는데, 현실적으로는 그러한 존재가 될 만큼 '소유'하지 못했음을 인식할 때 생성되는 감정이다.

그 결과 특정 전공으로 대학을 졸업했다는 사실이 자부심보다 수치심을 유발하는 경우를 자주 목격하게 되는데, 그것은 학위를 취득했음에도 불구하고 결국에는 자신이 원하는 사람이 되지 못했다는 게 드러날 때가 있기 때문이다. "전공이 뭐죠?", "법학입니다.", "올해 나이가…", "마흔이요.", "아, 그러니까 원래는 변호사를 꿈꾸셨군요…. 그런데 왜 아직 변호사 사무실을 개업하지 못하신 거죠? 어쩌다…." 이런 식의 대화는 한동안 계속되다 어느 순간부터 아무도 '어쩌다'라고 묻지 않게 된다. 굳이 묻지 않아도 이유를 알 수 있을 테니 말이다. 모든 사람이 이러한 과정을 겪을 것이다. 직업을 묻거나 혹은 '무슨 일을 하시나요?'라고 묻는 행위 자체가 '나중에 어떻게 죽을 생각인가요?'라고 묻는 것만큼이나 금기시되는 순간이 올 것이다.

우연히 술집에서 만난 사람 중에 다짜고짜 '그래, 당신은 어떻게 죽을 생각이요?'라고 묻는 사람이 어디 있겠는가. 일상적인 가벼운 만남 중에 상대가 갑자기 그런 질문을 던지면 어떤 느낌이 들겠는가. 현대사회에서 '무슨 일을 하나요?'라는 질문은 순수성을 잃었다. 그 질문을 심리적으로 '당신은 어떠한 존재입니까?'라는 질문으로 받아들이는 이들이 갈수록 늘고 있다. 직업을 묻는 질문은 어느새 자신이 꿈꾸던 것과 현실 간 괴리로 인한 인지부조화와 좌절이라는 의미를 내포하게 되었는데, 이는 우리가 타인에게 우리가 원하는 대로 인지되지 못하기 때문이다. 우리가 다른 이들의 눈에 실제보다 못한 존재로 비춰진다고 느끼는 것은, 우리를 당혹하게 만

사랑을 파괴하는 사회는 민주주의도 파괴하는 법

드는 질문들 때문이다. 겉으로 순진무구해 보이는 단순한 질문들! 그것은 아무나 할 수 있는 흔한 질문들이고, 그렇기에 더 심각하다! 나보다 실력도 없고 매력도 없는데 내가 하고 싶은 일을 하는 사람들이 있다. 더 큰 문제는 응당 내가 차지해야 했을 위치에서 그들이 수많은 혜택을 누리는 모습을 보기 싫어도 볼 수밖에 없다는 사실이다.

순수함을 잃어버린 문장을 대체할 만한, 더욱 새롭고 동시대적인 말과 표현을 만들어야 한다. 현대인의 한담 사전을 손볼 필요가 있다. 이미 수년 전에 해야 했을 일이다.

벼락 맞은 청춘들

젊은이들은 현대사회에서 버림받은 존재다. 물론 말도 안 되는 소리처럼 들릴 수 있다. 기성세대에 속하는 많은 이들은 신빙성 없는 얘기로 듣고 넘길 것이다. 얼마 전까지만 해도 젊은이는 곧 희망이었다. 가장 이상화된 형태의 진보적 상징이자 유용한 미래 자원이었다. 그때만 해도 젊은이들은 학교에서 교육을 받으며 분석적·형식적 학습법을 배웠다. 세계적인 석학인 미국의 심리학자 로버트 스턴버그Robert Sternberg 박사의 표현을 따르자면, 이 과정에서 실용적–맥락적 지식(공부한 것을 실전에 활용하는 능력)과 이념적–통합적 지식(학습을 바탕으로 새로운 현실을 창조하는 능력)이 거의 등한시되었다. 그래도 이런 식의 학습은 취업으로 이어졌으며, 근면 성실한 학생이 직장에서 높은 연봉을 받을 가능성도 높았다. 공부와 취업이라는 두 버팀목은 지난 수십 년간 양탄자 아래 숨

겨진 문제들을 잘 덮어주었지만, 양탄자를 걷어낸 순간 모습을 드러낸 바닥의 상태는 소름이 끼칠 정도로 끔찍했다.

기존의 메커니즘은 이미 망가졌고, 많은 국가에서 고학력 젊은이들이 먼저 버림받았다. 그들보다 먼저 학업을 중단하고 한참 동안 열정 페이를 받으며 일한 대가로 정규직 취업에 성공한 다른 경쟁자들에 비해서 뒤늦게 취업 시장에 뛰어들기 때문이다.

오늘날 젊은이들은 모든 면에서 버림받았다. 그들의 삶은 중단의 연속이며, 아마 후세대로 갈수록 이러한 상황은 더 심각해질 것이다.

포스트 빈곤 시대에 평균적인 학생의 유일한 기회는 '학생'에서 '학자'로 거듭나는 것뿐인 듯하다. 그러려면 교수의 의지나 충고 때문이 아니라 자력과 의지로 자신의 전공 분야를, 적어도 겉보기에 전혀 다른 것처럼 보이는 분야와 연결해 새로운 의미를 만들어내고 (학교를 졸업한 후가 아니라 학교에 다니면서) 이로부터 즉각적인 이득을 취해야 한다. 오늘날 공부만 열심히 하는 학생은 시대에 뒤처질 뿐 아니라 실업자가 될 가능성이 크다(과거에는 공부만 열심히 해도 실제로 건축가가 될 수 있었지만, 지금은 건축과 출신의 학위 소지자로 남을 것이다). 그렇지 않으면 착취당하고, 시장에 지배당하고, 사기당하고, 저임금으로 일을 해야 할 가능성이 크다. 그런 학생은 이미 다른 이들이 완성한 개념을 설명하는 능력으로 학생을 평가하는 교수의 '에고'를 강화하는 도구로 전락할 것이다. 이러한 교수들은 학생의 즉흥적인 (바로 재활용이 가

사랑을 파괴하는 사회는 민주주의도 파괴하는 법

능한) '문제 해결 능력'을 높게 평가하지 않는다. 문제 해결력 이야말로 이익 창출과 직접적으로 연결되는, 지속적이고 융통성 있는 능력인데도 말이다. 학회에 참석할 때마다 나는 포스트 빈곤 시대의 불안한 삶을 사랑하는 교수들의 입에서 '우등생'이라는 말이 나오는 것을 여러 번 들었다. 하지만 우등생이 되는 것은 실업자 내지는 불안정한 저임금 말단 직원이라는 비참한 미래를 향한 첫발을 내딛는 것이다. 에리히 프롬은 이렇게 말했다. "이른바 '우등생'이라 불리는 학생들은 철학자들의 말을 자세히 반복할 줄 안다. 이들은 박학다식한 박물관 가이드와 비슷한 부류다. 하지만 그들의 배움은 소유를 위한 지식 습득 이상으로 나아가지 못한다. 그들은 철학자들의 이론에 의문을 제기하고, 그들과 대화하는 법을 배우지 못한다. 철학자들의 모순을 파악하지 못하고, 이들이 의도적으로 몇몇 질문을 회피하며 정답을 제공하는 것도 꺼려한다는 사실을 깨닫지 못한다. 어디까지가 진정 새로운 것이고, 어디까지가 어쩔 수 없이 그가 살던 시대의 '상식선'을 지키기 위해 쓴 것인지 모른다. 머리로만 쓴 글과 머리와 심장으로 쓴 글을 구별할 줄 모른다. 저자가 정말로 특출난 인물인지, 거짓으로 점철된 사기꾼인지 구분할 줄 모른다."

많은 대학에서 축제가 끝난 지 한참이 지났는데도, 학생들에게 춤을 추라고 한다. 하지만 몇 년 전과 비교했을 때 분명한 차이가 있다. 요즘 젊은이들은 그들의 미래에 약속된 자리가 없다는 것을 안다. 잘못된 환상조차 다 옛말이 되었고, 자신들이 버림받았음을 알고 있지만, 그럼에도 요즘 젊은이들은 이러한 사회에서 생존하는 방법을 모른다. 일상이 되어 버린 좌절감과 지루함이 뒤섞인 감정을 느낄 뿐이다.

'아무도 풀지 못한 문제가 매일 새롭게 나타나고 있다. 내가 지금 공부하고 있는 것이 언젠가는 그 문제를 해결하는 데 도움이 될 것이다.'

이것이야말로 현대사회를 살아가는 액체 세대의 기도문이 되어야 한다. 그러기 위해서는 다른 사람이 만든 개념을 공부하는 것만으로는 부족하다. 젊은이들은 불안하고, 반항적이고, 낙관적임과 동시에 혁명적이어야 한다. '벼락 맞은 청춘'만이 세상을 바꿀 수 있다.

"행동의 목표는 그러한 행동의 동기를 알리거나 결정하는 데 있는 것이 아니라 일련의 사건이 끝난 후에 그 동기를 되돌아보고 결과를 정교하게 다듬는 데 있다." 지그문트 바우만은 『액체 인생』에서 젊은이들이 관계를 맺어야 할 세계를 설명하고, 더 나아가 현대 젊은이들에게 내일의 문을 열 수 있는 열쇠를 건네 이들이 나아갈 길을 제시하고자 했다. 바우만은 테이블 위에 다양한 열쇠를 올려놓았지만, 그렇다고 우리에게 억지로 가르침을 주려 하지 않는다. 어떤 열쇠로 어떤 문을 열지를 결정하는 것은 독자의 자율적인 선택이다.

트레카니*Treccani 사전에서 '빈곤povero'을 찾아보면, 그 어원이 라틴어 pauper에 있다고 한다. pauper는 '적다'는 의미

---

* 이탈리아에서 가장 권위 있는 사전

사랑을 파괴하는 사회는 민주주의도 파괴하는 법

의 paucus와 '노력해서 찾아내다, 생산하다'는 의미의 parére의 합성어이다. 그러므로 '빈곤한 자, 혹은 불쌍한 자'란 곧 '적게 생산하는 자'라고 해석할 수 있다.

'빈곤'이라는 단어를 분석해보면, 우리는 이 단어가 소비주의적인 판단을 내포하고 있음을 알 수 있다. 그러므로 '빈곤한 자'는 결국 '결함 있는 소비자'를 가리킨다.

소비재를 생산하지 못했다는 의미에서 현대인은 '빈곤한 자'를 '이윤을 창출하지 못하는 결함이 있는 생산자'로 받아들일 수도 있다.

프란치스코 교황과 포스트 빈곤 시대에 관한 이야기를 나눈 적이 있는데, 그는 오늘날 '빈곤'이라는 단어가 (전염병과 같이) 부정적인 의미로만 쓰인다는 점을 지적해주셨다. 교황은 사실 '빈곤'은 치유의 수단이 될 수도 있다고 하셨다. '불쌍하다'라는 말을 듣는 순간 사람들이 어떤 표정을 짓는지 한번 관찰해보자. 사람들은 빈곤이라는 단어를 온 세상에 퍼지는 바이러스처럼 두려워하지만, 사실 가난은 전염되지 않는다. 전염되는 것은 분노이다. 분노야말로 전염성 바이러스다.

프란치스코 교황은 십자가에 못 박힌 예수의 고통은(버림받은 예수) 그의 '빈곤'의 표식이 되었다고 하셨다. 인류를 구원하기 위해 아버지에게 생명을 바친 신의 아들이 아버지에게 올린 기도의 표식이 되었다. 교황은 죽은 후에 이승의 권력이나 재산을 가지고 갈 수는 없다고 하셨다. 저세상까지 가지고 갈 수 있는 것은 오직 그동안 우리가 주변에 씨를 뿌리고 거둔 사랑뿐이라는 사실을 거듭 강조하셨다. 그러한 관점에서 볼 때 빈곤은 자유인이 되기 위해 인간이 사랑과 하나님 아버지의 품에 자신을 바치는 행위이다. 이때 빈곤은 현세의 얽매임으로부터의 해방이자, 최고 수준의 사랑 표현이다.

하지만 우리 사회는 그런 빈곤을 변질시켰다. 원래 빈곤은 중립적인 개념으로, 부정적인 의미만 있는 것이 아니었다. 빈곤은 양심을 정화하기 위해 추구해야 할 목적일 수도 있다. 하지만 포스트 빈곤 시대의 인간은 빈곤에 감염될 수 있다는 생각 때문에 빈곤을 두려워하고, 위험하다고 생각한다. 현대인은 빈곤이 가진 광범위한 의미를 단순한 '궁핍'의 개념으로 축소하였으며, 이 과정에서 '빈곤 공포증'을 만들어냈다.

소비하는 시민, 훌륭한 소비자로 분류되는 시민은 자신의 '빈곤 공포증'에 자부심을 느낀다. '빈곤 공포증'은 사람들이 자신이 세상의 중심, 즉 시장의 중심에 있다고 느끼게 만든다. 여기에 도취된 사람들은 지저분하다는 이유로 불쌍한 노숙자들을 수용 시설에 처박으라고 요구한다. 노숙자들이 어떤 환경에서 살게 될지는 중요하지 않다. 그저 그들에게서 악취가 나지 않고, 눈앞에서 사라져주기를 바랄 뿐이다.

포춘지에 의하면 매출 기준 세계 30위 안에 드는 미국의 다국적 기술 기업 제네럴 일렉트릭은 지난 2013년 새로운 엔진 구조물을 개발했다. 이때 이들이 인터넷에 낸 공모가 많은 주목을 받았다. 상세 조건과 구조물의 특정한 기능과 관련된 정보를 제공한 뒤 '지금보다 더 가볍고, 3D프린터로 출력이 가능한 엔진 구조물을 설계하는 이에게 상당한 보상이 주어질 것

사랑을 파괴하는 사회는 민주주의도 파괴하는 법

이다'라고 광고를 냈기 때문이다.

과연 누가 선정되었을까? 그 공모에서 선택된 사람은 엔지니어가 아닌 아르민 펜드릭Armin Fendrik이라는 헝가리 대학생이었다. 그렇게 구조 분석 시험에서 낙제했던 대학교 3학년 학생은, 학자의 본분을 다함으로써 최대 이윤을 창출하며 단숨에 포스트 빈곤 시대의 가난뱅이 신분에서 벗어났다.

이윤을 창출하는 삶을 추구하는 현대사회는 액체 세대에게 단 한 가지 자질만을 요구하는데, 그것은 바로 융통성이다. 하지만 직업 세계에서의 융통성은 현대 젊은이들의 학습과 문화 양식과 모순된다. 그것은 그러한 융통성을 유지하기 위해서는 강한 책임감이 요구되는데, 대부분 학교에서 그런 책임감을 가르쳐주지도 않고, 장려하지도 않기 때문이다.

실업은 없고, 인력이 남아도는 현실

프란치스코 교황과 대화를 나누다보면 단어의 선택, 특히 명사가 얼마나 중요한지 느끼게 된다. 프랑스 작가 라 로슈푸코 La Rochefoucauld의 말처럼 "사랑이라는 단어를 모르면 아무도 사랑에 빠지지 않을 것이다".

프란치스코 교황은 연설이나 간단한 서신을 쓸 때 되도록 형용사를 사용하지 않는다고 하셨다. 명사를 발음할 때 이미 강력한 힘이 발휘되기 때문이다. 명사는 의미가 풍성하고 명확해서 형용사의 도움이 필요 없다.

교황은 (언제나 그렇듯) 내 이해를 돕기 위해 명사의 중요성에 관한 예를 들어주셨다. "부모를 잃은 아이를 뭐라고 부르죠? 고아입니다. 아내를 잃은 남편은요? 홀아비라고 하죠. 그러면 아이를 잃은 아버지를 뭐라고 부르나요?⋯ 특별한 명칭이 없습니다. 자식을 잃은 아버지를 표현하는 명사가 없어요."

사실 이 부분은 이탈리아어의 취약점이다. 어떻게 그토록 큰 비극을 겪은 사람을 표현하는 단어가 존재하지 않는단 말인가!

아무런 기준 없이 형용사를 남발하다 보면 언어의 중심축이며, 궁극적으로는 사회 구성원 간 상호연결성의 중심축이기도 한 명사가 평가절하될 수 있다.

이러한 관점에서 보면 (고아처럼 명사이자 형용사인[*]) '실업자'라는 표현은 시간을 초월한 단어라 할 수 있다. 이 단어에서 의미의 중심은 '직업occupazione'에 있다. 보편적이고 명확한 이미지를 생성하는 단어의 어근이 직업을 의미하는 'occupazione'이므로 규칙상 예외적인 경우를 가리키는 'dis-'라는 접두사는 여기에 일시적인 의미를 부여하는 데 그친다.

이는 마치 초등학교 시절 같은 반 친구가 내게 이런 장난을 걸어 온 경우와 흡사하다. 녀석은 내게 물었다. "나는 네가 생각하고 싶지 않은 것을 생각하게 만들 수 있어. 네 생각을 조종할 수 있다고! 못 믿겠으면 내기해볼래?" 나는 아무도 내 생각을 조종하지 못한다는 확신이 있었기에 도전을 받아들

* 이탈리아어로 고아인 orfano는 '부모를 잃은'이라는 형용사로도 사용되며, 실업자를 뜻하는 disoccupato 역시 '직업을 잃은'이라는 형용사로도 사용됨.

사랑을 파괴하는 사회는 민주주의도 파괴하는 법

였다. 그런데 "코끼리를 생각해봐!" 하고 녀석이 외치는 순간, 나도 모르게 "어떻게 알았어? 지금 막 코끼리를 생각했는데!" 라고 했다.

인간의 정신 구조는 인간의 의식보다 강하다. 그것은 불변의 진리이다.

지금 이 책을 읽고 있을 독자 여러분에게 내가 '책을 읽기에는 시간이 너무 늦었다고 생각하지 마세요. 다른 할 일도 많은데 책이나 읽고 있다는 생각은 하지 마세요!'라고 말했다고 가정해보자. 내 말을 듣는 순간 무의식적으로 갑자기 해야할 일들이 머리에 떠오르면서, 독서를 제대로 즐기지 못하게 될 것이다.

다시 본론으로 돌아가면 '실업자'라는 단어 역시 마찬가지다. 실업자를 생각하는 것은 곧 직업, 일에 대해서 생각하는 것이다. 그리고 조셉 콘래드Joseph Conrard의 말처럼 일은 곧 "자아를 찾는 길"이다.

그러한 의미에서 현대사회에 더는 실업자가 존재하지 않는다. 잉여인력만 존재할 뿐이다. 이들은 일자리와의 접점을 찾지 못해 취업 시장에 재진입하지 못한 이들이다. 이들은 (탄력적이고, 쉽게 파기할 수 있고, 과거 임시직 계약과 유사한) 새로운 정규직 계약서를 취득해야 취업 시장에 돌아올 수 있다.

이러한 반취업semi-occupazione 형식의 계약은 노동자와 고용자 간 한시적 임노동賃勞動* 관계를 형성한다.

* 자기의 노동력을 자본가에게 제공하고 그 대가로 임금을 받는 노동 형태

임노동은 액체 근대 사회를 이해하기 위한 핵심 단어 중 하나이다. 임노동 계약을 통해 잉여인력은 한시적으로 취업 시장에 진입할 수 있지만 결국 임노동자 신분에서 벗어나지 못하고 새로운 일을 제대로 배울 기회를 얻지 못한다. 이들은 (과거 노동자들처럼) 직장 환경에 적응할 시간을 가지지 못하고, 다른 사람보다 뛰어난 업무 수행 능력을 습득하기 전에 직장을 그만두게 된다.

비용절감을 위한 임시직 채용이 증가하는 현상인 취약화 역시 임노동에 의해 초래된 현상이다. 비정규직precarizzazione은 일자리를 취약하게 만드는 주요 원인이다. 프랑스의 철학자 피에르 부르디외Pierre Bourdieu는 노동자를 취약계층으로 만드는 것이 "임노동자들의 환경을 더욱 불안정하고 취약하게 만들어 이들에 대한 예측성과 통제력을 강화하려는 관리자들의 의도적인 전략"이라고 했다.

지그문트 바우만은 『쓰레기가 되는 삶들』에 이렇게 서술하고 있다. "생산자의 사회에서 […] 실업자들은 동정의 대상이기는 했지만, 그들 역시 사회 일원이라는 사실에는 논란의 여지가 없었다. […] 과거에는 잠재적인 생산자라는 지위도 '생산자 사회' 구성원으로서의 조건을 충족했다. 하지만 '소비자 사회'의 구성원이 되려면 미래에 근면한 소비자가 될 것이라는 약속만으로는 부족하다. 미래의 잠재력만으로 사회 구성원의 지위를 인정해달라고 요구할 수 없다. 소비자들의 사회에 결함 있고 불완전하며 불만에 찬 소비자들을 위한 자리는 없다."

사랑을 파괴하는 사회는 민주주의도 파괴하는 법

바우만이 말하는 '생산자 사회'란 곧 '고체 근대'를 가리킨다. '고체 근대'란 지금으로부터 약 100년 전, 사회가 소비자가 아니라 생산자의 왕국이었던 시대를 일컫는다. 당시 사회는 5개의 기둥을 주축으로 형성되었다.

1. 자발성을 저해하고 획일화를 권장한 포드주의적 공장.
2. 사용자를 개개인으로 보지 않는 관료주의.
3. 제러미 벤담Jeremy Bentham의 파놉티콘*Panopticon 모델을 통해 행사되는 권력의 대두(파놉티콘 시스템에서 작동되는 효율성을 이용해 시간의 영역을 점유하는 이들은 사회 지도자들이고, 공간에서 부동 상태로 머무는 이들은 정치력을 갖지 못한 예속민이다. 그리고 전자는 끊임없이 후자를 감시한다).
4. 감시와 경계를 늦추지 않기 때문에 믿는 자와 믿지 않는 자들을 구분해 상벌을 내릴 수 있는 빅브라더.
5. 강력한 중앙집권적인 국가를 통해 권력을 행사하는 전체주의적 성향(자세한 내용은 지그문트 바우만의 『액체근대』 참고).

오늘날 청년층은 실업자가 아니라 잉여인력이다. 이들은 자

---

* 파놉티콘 또는 판옵티콘은 영국의 철학자이자 법학자인 제러미 벤담이 제안한 일종의 감옥 건축양식을 말한다. 파놉티콘의 어원은 그리스어로 '모두'를 뜻하는 'pan'과 '본다'를 뜻하는 'opticon'을 합성한 것으로 벤담이 소수의 감시자가 모든 수용자를 자신을 드러내지 않고 감시할 수 있는 형태의 감옥을 제안하면서 이 말을 창안했다. 벤담은 이 감옥의 본질적인 장점을 한 단어로 표현하기 위해, "진행되는 모든 것을 한눈에 파악할 수 있는 능력"을 의미하는 "파놉티콘"이라고 불렀다.

신의 운명을 스스로 결정할 수는 있지만, 끊임없이 현혹되고 공격당하며 제대로 이해받지 못한다.

한번은 이름만 들으면 누구나 알만한 정치인이 필자를 비판한 적이 있었는데, (이미 몇 년이 흘렀는데도) 그때 그가 한 말이 아직도 생생하다. "레온치니의 글은 헛소리다. 청년층의 위기는 거짓이다. 말도 안 되는 소리다. 젊은이들이 진정 위기에 처했다면 당장 광장으로 뛰쳐나와 은행가들을 두들겨 팼을 것이다. 이탈리아의 청년들은 조부모 덕에 잘 먹고 잘살고 있고, 이들은 여기에 만족한다."

우리는 으레 청년들을 '영원한' 존재, 즉 청년은 영원히 청년으로 남을 거라고 생각한다. 영원히 성인이 되지 않고 소수 집단에 머무를 것이므로 중요하지 않다고 여긴다. 하지만 청년은 성인이 될 때까지 끊임없이 움직인다.

인간은 눈에 보이는 현실만을 기준으로 쉽게 일반화의 오류를 범한다. 입만 살아 있는 그 정치인은 아마도 자기 자식이나 친구, 동료, 동료나 친척의 자식들 같은 자기 주변 사람들만 보고 그런 이야기를 했을 것이다. 이른바 엘리트층에 속하는, 청년 전체를 대변하지 못하는 소수의 젊은이를 보고 내뱉은 말이었을 것이다.

물론 그 정치인의 말을 보편적인 현상으로 취급하는 사회학자, 심리학자, 지성인들도 있다. 그것은 이들의 연구가 부족해서가 아니다. 그 반대로 너무 연구를 많이 한 결과 현실감각을 상실했기 때문이다. 거울 속에 비친 자기 모습만 믿는 것처럼, '동료 학자들에게만' 인정받으려는 학자로서 새롭게 얻은

사랑을 파괴하는 사회는 민주주의도 파괴하는 법

왜곡된 정체성에 자신을 끼워 맞춘 사람들이기 때문이다. 선입관일 수도 있지만 그런 이유에서, 나는 이미 학계에서 유명한 학자들보다 그렇지 않은 학자를 연구하는 것을 선호한다. 프란치스코 교황의 말씀처럼 "진실은 주변부에 있다".

정치인의 말에서 드러나는 또 다른 사실은, 그가 젊은이들을 바보 취급한다는 것이다. 자극을 받을 때 정해진 반응을 보이는 꼭두각시 취급을 한다는 사실이다. 요즘 젊은 친구중에 평생 폭력범 딱지를 달게 될 거라는 사실을 뻔히 알면서 은행가들을 폭행하겠다고 광장으로 뛰쳐나갈 사람이 대체 어디 있겠는가.

1917년 안토니오 그람시Antonio Gramsci는 이런 글을 썼다. "인간은 상대방이 감추는 것이 아무것도 없다는 확신이 있어야 행동에 나선다. 의도적이건 의도적이지 않건, 그 어떤 환상도 조작되지 않았다는 확신이 있어야 한다. 누군가가 희생해야 한다면, 그 전에 그러한 사실을 알아야 한다. 그 행동으로 인한 결과가 성공적일 것이라고 이야기하기 전에, 성공과 실패의 확률을 정확하게 계산한 결과, 성공할 확률이 더 높다고 설명해주어야 한다. 실패할 확률이 더 높다고 이야기하기 전에, (속임수나 거짓 조작을 하지 않고 지나치게 서두르거나 정서적인 협박을 가하지 않고 진행된 공론화 과정을 거친) 분석 결과 실패 확률이 높았다는 설명이 선행돼야 한다."

공동체와 사랑은 현대인의 허상:

'원하면 가질 수 있다고 믿는 사회'에서 '가질수록 원하게 되는 사회'로

인터넷 발달로 인해 2000년대 초반보다 요즘 들어 공동체에 소속되어 있다는 착각에 빠지기가 오히려 쉬워졌다. 인터넷은 전혀 다른 뿌리를 가진 사람들을 연결했는데, 이들은 단지 이파리의 색깔이 비슷하다는 이유 하나만으로 비슷한 부류로 분류되었다. 하지만 이파리 색을 분류 기준으로 삼는 것은 무의미하다. 시간이 갈수록 인터넷은 더 많은 대상을 연결하고 있지만, 이들은 매우 이질적인 존재들이다. 인터넷망이 넓어질수록 연결 대상도 다양해지고 있다.

그러니 갈수록 많은 이들, 특히 청년층이 공동체를 속임수의 동의어로 받아들이고 있다. 지금 젊은이들에게는 새로운 공동체가 시급하다. 새로운 공동체는 기존과는 다른 방식으로 만들어져야 한다. 안토니오 그람시는 과거의 행동 양식과 공동체 창조 방식이 모두 실패로 돌아갔기 때문에, 미래의 공동체는 완전히 새로운 것이어야 한다고 했다.

현대 문화는 젊은이들을 사랑을 모르는 근본 없는 존재로 만들어 놓았다. 그런데도 이들은 사랑을 갈구한다. 무엇보다 사랑받고 싶어 한다. 현대사회는 이들을 시장의 법칙을 따르는 잠재적 소비 대상으로 변화시켰다. 이들은 자신들이 아직 '폐기 처분'되지 않았다는 착각 속에서 살기 위해 할 수 있는 한 시장의 기준에 맞추려 한다. 이들은 하루살이 같은 인생을 사는 동안 인정받기 위해, 사회가 요구하는 조건을 충족하기 위해 끊임없이 노력한다. 사회적으로 인정받지 못한다는 것

사랑을 파괴하는 사회는 민주주의도 파괴하는 법

은 사회적 쓰레기가 된다는 것을 의미한다. 그 결과 사회적으로 인정받지 못한 이들은 공동체에 소속될 수 있다는 희망을 잃고 영원하고 지속적인 '심리적 유배' 상태로 지내게 된다.

'심리적 유배'란 '자신을 이방인이라고 생각하고, 가정에서조차 소외된 것처럼 느끼는 감정'이다. 현대인은 어떤 면에서 모두 심리적 이민자다.

폴란드 시인 체스와프 미워시Czesław Miłosz는 "유배란 단지 경계를 건너는 것이 아니다. 유배는 망명자의 내면에서 성장하고 성숙해 그를 변화시키고, 결국 그의 운명이 된다"라고 했다.

하지만 바우만은 "외로움과 소외로 인한 암울함과 낙담이 꼭 나쁜 것만은 아니다"라고 한다. 공간이 주는 평안하고 조화로운 소속감을 상실하고, 그러한 공간에서 자기 집에 있는 것과 같은 편안함을 느끼지 못할 때, 심리적 망명자는 오히려 현대 사회를 온전히 경험할 수 있다. 그렇지 못한 많은 이들이 자신이 유배 중이라는 사실을 인식조차 못 하고, 자신이 왜 아픈지 이해하지 못한 채 수면에서 부유하다 우울과 불만의 바닷속으로 속절없이 가라앉는다.

미워시의 말을 다시 한 번 인용하자면, "유배는 자유의 증거이지만, 이는 두려운 자유이다. 유배는 파멸을 일으키지만, 그 과정을 거치면 더 강인해질 것이다".

심리적 망명에 대한 두려움은 매우 강해서, 젊은이들은 사회에서 버림받지 않기 위해 자신들의 구매 능력과 기존에 구매한 물건을 신상품으로 대체할 수 있는 능력을 끊임없이 자랑한다. 즉 요즘 젊은이들은 자기들 대신 물건을 폐기할 수 있는 능력을 과시해야 한다. 이러한 태도를 덮어놓고 비판할 필요는 없다. 수면 아래로 가라앉지 않으려면 그들도 어쩔 수 없을 테니까.

이러한 위급한 상황에서 청년층에 대한 정치권의 무관심은 매우 불편하게 느껴진다. 정치인 중에서 진심으로 청년층을 자유롭게 해주려는 사람은 아무도 없는 것 같다. 아니, 오히려 그 반대를 원하는 것처럼 보인다. 이토록 액체 세대의 고통과 좌절을 오직 표를 얻기 위한 도구로 이용하려는 정치인들이 갈수록 늘고 있다.

이제는 아무도 정치인들의 약속을 믿지 않는다. 하나의 국가를 통제하는 단 한 명의 힘으로 사회 전체를 바꿀 수 없다는 사실을 모두 알기 때문이기도 하다. '저 정당이 승리하면 얼마나 증세를 할까?', '저들이 승리하면 일자리가 얼마나 생길까?', '저 후보에게 투표하면 사회가 안정될까?'… 현대인의 정치적 사유는 이 정도 범위를 벗어나지 않는다.

현대인은 시간이 갈수록 현실을 평가절하하지만, 미래에 대한 기대는 매일 재조정한다. 그 결과 현실은 우리에게서 점점 더 멀어져가는 느낌이다. 시간이 갈수록 세상은 개인의 머릿속에만 존재하게 될 것 같다는 생각이 든다. 개인별로 세계상이 다른데, 이러한 개별적인 세계상들이 상호작용해 다양한 사상, 보편적 개념, 기호를 형성한다. 이를 통해 우리는 모든 인간이 같은 세계에 소속되어 있다고 믿으려 하지만, 사실은 그렇지 않다. 현실 세계 구성 요소들은 느슨하게 연결되어

사랑을 파괴하는 사회는 민주주의도 파괴하는 법

있고, 절대 고정되지 않고, 끊임없이 변화한다. 현실을 '세계'라는 하나의 단어로 표현하는 것은 불가능하다. 어쩌면 '세계'라는 단순한 표현으로 인간을 묶으려는 시도 자체가 인간이라는 존재의 나약함을 나타내는 증거일 수도 있다. 우리가 사는 이 세계는 신화적 세계이므로, 해석과 증언을 통해서만 존재할 수 있다.

'능력이 있으면 해야 한다', '누군가를 사랑할 수 있다면 사랑해야 한다', '행복할 수 있다면 바로 이 순간 행복해야 한다', '아름다워질 수 있으면 지금 아름다워져야 한다' 등의 선입관 때문에 우리 개개인의 일상적 기대감은 끊임없이 높아지고 있다. 우리는 '원하면 가질 수 있는 사회'를 '가질수록 원하게 되는 사회'로 바꿔버렸다. 대다수 사람은 이 말의 현대식 버전을 아직 잘 모른다. 현대인은 계속해서 정신적으로 자신의 이미지를 만들고 있는데, 그 기준은 우리를 '세계'의 원래 개념으로부터 점점 멀어지게 만들고 있다.

보다 나은 미래를 향한 희망은 오직 개인주의와 개개인의 융통성에 달렸을 뿐, 공동체 차원의 해결책은 없다는 인식이 놀랄 정도로 빠르게 퍼지고 있다. '나를 위한 해법은 있을 수 있으니 서둘러 찾아야 하지만, 우리를 위한 해법은 존재하지 않는다'라는 것이 요즘 사람들의 보편적인 생각이다.

대중, 특히 청년층은 공동의 이익을 위해 광장으로 나가 함께 투쟁할 수는 있지만, 여기에는 강화된 사적인 권리를 가지고 각자 집으로 돌아가 자신만의 시간을 보낼 수 있어야 한다는 전제 조건이 있다.

정치는 세계 최후의 공동체

아직도 진정한 공동체 의식의 필요성을 주장하는 유일한 집단은 정치인들 뿐이다. 달라지긴 했지만, 정치인들은 지금도 결속력이 강하고 자긍심이 높은 공동체의 일원이며, 누구나 이 공동체에 소속되기를 원한다는 사실에는 이견이 없을 것이다. 정치란 항해 중인 우주선과 같다. 이 우주선에 탑승한 승무원들은 결속력이 매우 강해서, 먼 우주를 향해 여행을 떠나면서도, 곧 지구로 귀환해 모든 이의 문제를 해결해주겠노라고 큰소리를 친다. 우리는 시간이 갈수록 정치권이 독자적인 집단처럼 행동하는 이유에 대해서 잘 생각해보아야 할 것이다.

　정치라는 거대하고 사랑이 넘치는 (대중적이라기보다는 그들만의 비밀스러운) 공동체를 이해하는 것은 현대사회의 가장 큰 역설에 다가가는 것이다. 실제로 인터넷으로 인해 가장 크게 '탈바꿈'한 분야가 바로 정치이다. 정치는 국가와 도시의 다양한 문제들에 직면하고, 이를 일련의 규칙을 통해 해결하기 위해 태어났다. 정치의 힘은 내부로부터 외부로, 즉 원심력에 의해 움직인다는 특징이 있다. 과거 정치인은 시민에게 이로운 법안을 공표하는 데 권력을 사용했으며, 자기 자신도 시민으로서 자신이 발의한 법의 혜택을 누렸다.

　하지만 요즘 정치인들은 시민의 이익이 아니라 정치권의

　사랑을 파괴하는 사회는 민주주의도 파괴하는 법

이익만을 추구하고 있으며, 이는 세계적인 추세이기도 하다. 유로존 국가의 증세 정책은 빙산의 일각일 뿐이다. 현대 정치에서는 외부에서(시민의 힘) 내부(정치 공동체)로 작용하는 구심력도 원심력 못지않게 중요하다.

웹과 마찬가지로 정치 역시 민주주의라는 특권의 표현이다. 아니 그보다 더 나아가, 정치는 민주주의와 시민의 권리를 보장하기 위한 수단이자 목적이다. 그런 정치가 지금은 눈부신 고립 상태로 남기를 자청하여 그 자신이 안전한 요새가 되었다. 아니, 그보다 더 심각하게 그 작은 요새 안에 사는 이들의 사적인 권리를 지키기 위한 최선의 방책으로 변질되고 말았다.

소셜네트워크로 말하자면, SNS 프로필에서는 민주주의보다는 전체주의의 그림자가 아른거린다. 우리는 아무런 부담 없이 서비스 이용자를 퇴출하거나, 가입 요청을 거부할 수 있는데, 그것은 온라인상으로는 직접적으로 상대방이 누군지 알 수 없기 때문이다. 조금 과격한 표현이지만, 정치는 현실에서 고립되기를 자처한 거대 소셜네트워크이며, 이는 한 국가에 국한된 것이 아닌 세계적인 현상이다.

평범한 시민에게 정치라는 소셜네트워크에 들어갈 수 있는 열쇠는 없지만, 대신 정치권 내부에서 벌어지는 일을 알아낼 수 있는 강력한 검색엔진이 있다. 사람들이 이러한 상상의 공동체를 모르고 지나칠 리 없다. 인터넷에 과잉 연결된 덕분에 진위에 상관없이 방대한 정보에 접근할 수 있는 네티즌들은 더욱 그렇다.

젊은이들에게 정치란 자식을 방치한 최악의 부모이다. 이들에게 정치는 배신의 러브스토리이다. 부모 형제가 정치에 배신당하는 것을 직접 목격한 액체 세대는 유년 시절부터 이러한 인식을 가지고 성장했다. 정치는 젊은이에게 생명을 주지 못한다(욕망이라면 모를까). 미래는커녕 현재도 보장해주지 못하지만 4년에 한 번 한 달 정도, 청년층의 지지가 필요할 때면, 다시 이들을 찾는다. 많은 이들이 정치인들의 배신에 이미 익숙하다. 신세대의 대뇌피질은 끊임없이 변화하므로, 그들이 받아들일 수 있는 사고 또한 무한하다. 새로운 사고방식이 태도에 변화를 가져오고, 이것이 행동의 변화로까지 이어지면, 일상의 일부가 된다. 실제 지금까지 수많은 새로운 사고방식이 이러한 과정을 통해 보편화되었다. 같은 논리로 정치로 인해 현대인은 배신의 전통에 익숙해졌다.

톨스토이는 명작 『안나 카레니나』에 이렇게 서술했다. "인간은 결국 모든 환경에 익숙해지기 마련이다. 특히 주변 사람이 모두 같은 방식으로 살아가는 것을 보면 더 그렇다."

몇몇 정치인들의 선동 정치가 이웃을 사랑하고, 증오를 물리치는 능력을 위협하고 있다. 이들은 시민, 특히 (대부분 직업이 없고, 올바로 된 구직방법을 배우지 못했거나 잘못된 배움으로 인해 결국 실망에 빠진) 청년층의 부정적인 감정을 조장한다. 예전처럼 존중받으려면, 정치도 오늘날 시민처럼 책임을 져야 한다.

젊은이들이 정치에 참여하려면 합당한 보상이 있어야 하는데, 이들은 정체성을 찾는 과정에서 가장 중요한 무형의 보상을 받을 수 있다. 자신과 타인을 동일시하는 행위는 사회에 많은 영향을 미친다. 인간관계의 간격을 좁히고, 공감 능력을 키우고, 글로벌 시대 시민으로서 개개인이 느낄 수 있는 고독을 퇴치하고, 고립과 다양성에 대한 두려움을 멈추고, 심지어는 죽음조차 실체 없는 개념으로 만들 수 있다.

요즘 젊은이들은 갈수록 극단주의에 이끌리는데, 이는 청년층에 문화, 자기 영역, 안전에 관한 두려움을 불어넣는 일부 정치인들 때문이다.

영국의 사회학자 리처드 세넷Richard Sennet은 "끊임없이 변화하는 경제 제도와 특정 지역 간의 연관성이 갈수록 약해지면서 […] 개인이 국가, 도시, 구와 같은 지리적 장소에 대해 느끼는 소속감은 커지고 있다"라고 했다. 이러한 비동시성으로 인해 많은 현대인이 자신이 거주하는 공간을 이상화하게 되었다.

최근 전 세계적으로 외국인에 대한 반감을 조장하는 공격적인 주장이 성행하고 있는데 이러한 현상을 자세히 분석해 보면, 그 이면에 선거의 당락을 좌우하는 도심 외곽의 서민 청년층이 있다는 사실을 알 수 있다. 대부분 언론은 국가의 운명을 결정하는 것이 '귀족' 엘리트 청년층이 아니라, '사회에 뿌리를 내리지 못한' 무명씨의 자식들이라는 사실과 이들이 빠르게 증가하고 있다는 사실을 망각한 듯하다. 정치권은 '예측 불가능한' 외국인들을 '대중의 주의를 흐트러뜨리기 위한 위험한 무기'로 사용하려 한다. 이들을 통해 영토권을 주장하고, 더 나아가 죽음이라는 원초적인 두려움을 이용해, 개인의 안전에 대한 공포심을 조장하려는 것처럼 보인다. 지그문트 바우만이 말했듯 "죽음의 공포는 조작과 이익으로 이어진다. 이는 실질적으로 무한하고, 영원히 재생 가능한 천연자원이다".

특정 환경에서 이민자들은 사회 불안의 주요인으로 지목되기에 딱 좋은 대상이다. 바우만은 "국경의 문을 두드리는 이민자들이 없었다면, 가짜로라도 만들어냈어야 할 판이다"라고 하면서 이와 같은 말을 덧붙였다. "이민자들은 '거대한 미지의 세계'이자 권력의 전초기지다. 모두 그 존재를 알고 있지만, 그 실체를 아는 이는 아무도 없다. 이민자들은 현대 정치를 유지하기 위한 필수요건이다. 이민자들을 이용하는 것이 테러, 정치와 같은 미지의 악을 이용하는 것보다 훨씬 수월하다. 우리가 이들을 볼 수 있고, 그들 역시 우리를 볼 수 있으며, 이들이 우리 가까이에 있기 때문이다. 이민자들은 희생양의 상징이다. 우리는 정치인이나 금융인에게 할 수 없는 일을 이민자에게 한다."

이민자들은 국가가 자신의 무게감을 증명하기 위해 이용하는 수단이다. 국가는 이민자들에게 힘을 행사해 사람들이 아직은 국가의 권위가 유효하다는 착각에 빠지게 한다. 바우만이 누차 반복했듯 이민자에게 적대적인 행위는 국제적인 반향을 일으킨다.

망명자는 메신저이다. 불운을 전하는 메신저. 우리는 서로 싸우는 희생자들로 이루어진 민족이다. 우리가 싸우는 동안, 선동가들은 두 다리를 뻗고 휴식을 취하고 있을 것이다. 어차피 싸움은 희생자들 사이에서 벌어질 테니까.

사랑을 파괴하는 사회는 민주주의도 파괴하는 법

과거에 대한 사랑은 늘 환상일 뿐

시간이 갈수록 선거 운동은 종말론적 분위기를 조장하고 있으며, 일상을 각박하게 만들고 있다. 세계적인 추세가 그렇다. 소셜 미디어에서도 증오 댓글이 늘고 있다(현실을 파악하기 위해 보통 사람들의 의견을 살펴볼 수 있는 SNS를 분석하는 것은 매우 중요하다). 세계 어디에서나 뚜렷이 나타나는 양극화 현상이 있다. 외국인을 보호하려는 사람들을 향한 증오와 이토록 많은 '침입자'들의 입국을 허용한 정치권에 대한 증오가 그것이다.

두 경우 모두 이민자나 외국인은 '나쁜 정치'와 '실천적 도덕주의'를 잇는 연결 고리이다. '최악의 정치인은 국민을 외국인에게 팔아넘기는 자이다'라고 하는 이들이 전자에 속하고, '이민자들을 옹호하는 세력은 실천적 도덕주의자들 뿐이다'라고 하는 이들은 후자에 속한다.

정치는 눈 깜짝할 새 '우리와는 다른 이'를 십자가에 매달았다. 초대받지 못한 손님이자 빈곤한 자들인 이들은 이민자로 완벽하게 구현되었다. 하지만 이는 '다름'의 한시적인 구현일 뿐이다. 접근할 수 없는 폐쇄적인 공동체의 권리를 주장하며 모든 다양성을 합법적으로 없애려는 현대사회에 최적화된 분류법일 뿐이다.

현대사회의 시민은 목말라 있지만, 그것은 물이나 음료수에 대한 갈증이 아니라, 갈증에 대한 갈증이다. 다시 말하자면 '구매'할 수도 없고, 정확하게 정의 내릴 수도 없는 추상적인 개념에 대한 갈증인 것이다.

이러한 갈증은 그 대상을 잃었기 때문에 가장 혹독한 갈증이다. 영원히 해소할 수 없는 갈증이다. 그 결과 인간은 갈증의 방향을 과거로 돌려 불안한 행복을 투영한다. 과거는 그렇게 신화적 공간이 된다. 다시는 돌아가지 못할 것이라는 확신이 있기에 과거의 공동체는 이상적인 것이 되고, '무조건 좋은 것'으로 기억된다. 이미 지나간 일을 바꿀 수는 없기에, 사람들은 과거를 기억할 때 향수와 기쁨과 유토피아를 뒤섞는 것을 당연하게 생각한다.

과거를 기억할 때 만족감을 느끼는 이유는, 그것을 '잘 알기' 때문이다. 과거는 견고하고, 현재는 유동적이며, 미래는 증발해버릴 위험이 있다. 과거는 우리에게 안정감을 주는데, 이는 그 어떤 외부의 영향도 특정한 기억 속에 존재하는 공동체 정신을 침범할 수 없기 때문이다. 무엇보다도 과거는 특정 인물을 만들어내진 않지만, 타인의 시선으로 그를 평가할 수 있게 한다. 과거를 이상화하는 일은, 현재 자신의 앞에 있는 상대방에게 존중받고 사랑받기 위해서, 그리고 궁극적으로는 자기 자신에게 존중받고 사랑받고 있다고 느끼기 위해서 어쩔 수 없이 택하게 되는 인간의 계략인 셈이다.

실제로 우리들 대부분은 과거에 우리 자신을 특정 공동체의 강인한 리더로(비록 그것이 작은 공동체일지라도) 이상화하는 경향이 있다. 과거의 자신을 기억하는 것은 좋은 일이다. 어쨌든 현재의 삶을 이루어낸 '자아'이니까.

토마스 홉스Thomas Hobbes는 『리바이어던』에서 이렇게 말했다. "칭송받기 위한 경쟁은 고대에 대한 경외심을 불러일으킨다. 그것은 인간이 죽은 자가 아니라 산 자와 경쟁하기 때문이다."

과거가 안전하게 느껴지는 것은, 이방인이 침범할 수 없기 때문이다. 여기서 '이방인'이란 예측할 수 없고, 갑작스럽고, 환영받지 못하는 모든 것을 의미한다. 과거는 익숙한 것이다. 억지로 과거를 사랑하게 만들면, 많은 이들의 내면에서 국가 공동체에 대한 욕구가 생성될 수 있다.

잘 생각해보면, 인간은 하루 중 꽤 많은 시간을 과거를 생각하면서 보낸다. 과거 일을 되돌아보는 과정은 특히 나처럼 멜랑콜리의 감성을 타고난 이에게는 안도감을 주고 마음을 정화해주는데, 과거는 이미 끝난 일이고 더는 자신이 관여할 수 없는 일에 대해서는 긴장감이 완화되기 때문이다. 가끔은 자유의지에 얽매이지 않을 때 오히려 마음이 안정된다. 그것은 미래가 불안정하기 때문이다. 자기 인생에 대한 권한이 자신에게 있고, 인간이 끊임없이 변화하는 존재라는 사실을 잊은 이들에게는 더욱 그렇다.

그뿐만 아니라 과거의 고통은 절반의 고통이다. 흐르는 시간에 뒤섞여 감정이 희석되기 때문이다. 나는 종종 어린 시절의 추억 속에 빠지곤 한다. 그럴 때면 당시에 맡았던 냄새가 나는 듯하고, 당시 봤던 장면들이 눈앞에 보이는 듯한데, 그 순간 마음이 너무나 평온해진다. 나의 유년 시절이 남들보다 특별히 행복하지도 않았고 고민이 없었던 것도 아니지만, 그래도 다시 어린아이가 되어 진정한 무념무상, 미성숙함, 순수함, 광기를 느껴보고 싶다.

아직 세상의 경계가 눈에 보이지 않던 시절, 모든 게 일시적이고 변할 수 있는 것으로 생각하던 시절로 되돌아가고 싶다.

뇌는 언제나 과거를 적절하게 재구성하지만, 절대로 현실을 완벽하게 재현할 수 없다. 과거는 영혼을 충만하게 하는 무한한 능력이 있지만, 미래는 영혼을 강물처럼 휩쓸어버린다. 현대와 같은 액체 시대에는 강물이 휩쓸고 지나간 뒤에 어디에서 눈 뜨게 될지 아무도 모른다.

공동체는 이상화된 엘도라도이고, 국가주의는 우리를 유혹하는 환상이자 삶 속에 내재한 악을 정당화할 수 있는 심연으로 우리를 이끄는 빛이다.

관료주의는 국가가 우리를 싫어한다는 증거

'관료주의'는 현대사회의 특징을 나타내는 핵심 단어 중 하나이다. 인도 작가 아미트 차우드후리Amit Chaudhuri는 소설 『자유의 노래Freedom song』에서 관료주의 사회에 완벽하게 적응한 어른들의 세계를 이렇게 묘사한다.

"사무실은 차와 뒷담화와 모든 업무가 무한정 연기되는 공간이다. 어찌 보면 그곳은 세상과 연을 끊고 머나먼 곳으로 떠나려는 이들을 위한 아늑한 휴식 공간 같기도 하다."

관료주의는 사람들 사이의 교류를 단절시키고, 습관과 루틴만을 중요하게 여기게 하여 사람들을 세상의 부품으로 전락시킨다. 세월이 흐르면서 관료주의는 자아 형성 과정에서 자신이 중요한 사람이라는 사실을 확인하기 위해 누르는 버튼과 같은 역할을 하게 되었다. 문제는 그 버튼을 누르는

사랑을 파괴하는 사회는 민주주의도 파괴하는 법

순간 관료주의로 인해 인간에 대한 흥미를 잃어버린다는 사실이다.

오늘날 관료주의는 직장뿐 아니라 취미와 희망을 아우르는 모든 영역을 침범했다. 심지어는 재능마저 관료화되었다. 가슴에 음악을 향한 열정을 품은 한 청년이 있다. 그가 순수하게 작곡만 해서 성공할 확률은 거의 없다. 99.9% 실패할 것이다. 성공의 기회를 잡으려면, 자신의 재능을 관료화해야 한다. 이 말은 곧 TV 오디션 프로그램에 나가 심사위원들에게 테크닉을 꼼꼼히 평가받아야 한다는 의미이다. 요즘은 예술마저 관료주의의 창조물로 전락한 것 같다. 수학 공식처럼 쉽게 분해하고 재구성하는 대상이 되어버린 것 같다. 현대사회는 음악을 버렸다. 체코가 낳은 위대한 작가 밀란 쿤데라의 표현에 따르면 "음악은 우리 몸에 문을 내어 영혼이 빠져나와 세계와 교제할 수 있게 해준다". 음악을 버린 개인주의 사회에서 '타인과 교제하지 못하는 것'이 개인주의 시대에 인간의 가장 유용한 재능으로 간주되는 것은 어쩌면 당연한 일일지도 모른다.

예술을 모든 것을 분류하는 관료주의 틀 안에 끼어 맞출수는 없다. 그리고 인생도 노래와 마찬가지로 일종의 예술 행위이다. 하지만 관료주의 사회에서는 '우리'는 '그들'을 '그들'은 '우리'를 판단한다.

문학도 마찬가지다. 수많은 글쓰기 강좌에 비해 재능 있는 작가들은 형편없이 적지 않은가. 심지어는 훌륭한 작가가 되려면 언제 어디에서 글을 써야 하고, 어떤 대학을 다녀야

하고, 글쓰기 전에 책상을 어떻게 정돈해야 하고, 조명은 어떻게 해야 하고, 몇 시간마다 워드 파일을 열어야 하는지 가르쳐주는 강사들도 있다.

하지만 위대한 작가 중에는 관료주의와 거리가 먼 사람들이 수없이 많다. 노벨 문학상을 받은 어니스트 헤밍웨이는 앉아서 작업하면 좋은 글이 나오지 않는다며 반드시 일어서서 글을 썼다. 루이스 캐럴 역시 손가락 끝으로 영혼을 내보내려면 일어나야 한다고 했다. 그런가 하면 엔서니 트롤럽Anthony Trollope처럼 15분 안에 반드시 글 한 페이지를 완성해야 하는 강박을 가진 작가도 있다. 빅토리아 시대의 대표적인 작가였던 트롤럽은 15분에 한 페이지를 쓰지 못하면 하루를 망쳤다고 생각했다. 마르셀 프루스트를 모르는 사람은 거의 없겠지만, 그가 침대에 쭈그리고 앉아서 글을 썼다는 사실을 아는 이는 많지 않을 것이다. 프루스트는 글을 쓸 때면 언제나 소음 방지를 위해 벽면을 온통 코르크로 도배한 방에 틀어박혔다. 노벨 문학상 수상자인 에우제니오 몬탈레 Eugenio Montale처럼 대학을 나오지 않은 세계적인 작가도 많다.

이들의 공통점은 무엇일까? 이 유명 작가들에게는 언어를 자유자재로 다룰 수 있는 능력이 있다. 그것은 절대로 관료화할 수 없는 능력이다. 위대한 작가들은 아주 은밀하고 지극히 사적이며, '자의식'의 일부를 구성하는 그들의 '내면의 자아'와의 만남을 통해 내적 언어를 정복했다.

그러한 목적을 이루기 위해서는 정신적인 준비를 넘어,

사랑을 파괴하는 사회는 민주주의도 파괴하는 법

물리적으로도 준비할 필요가 있는데, 이 역시 매우 흥미롭고 매력적인 부분이다. 모든 사람에게 은밀하고 지극히 사적인 태도를 통해 외부로 표출되기를 끊임없이 종용하는 내면의 얼터 에고alter ego가 있다면, 누구나 그러한 요구를 받아들일 수 있을까? 자신의 얼터 에고를 자유롭게 해줄 수 있어야 감동을 받고, 다른 이에게 감동을 줄 수 있다면?

수많은 천재, 특히 문학계 천재들의 공통점은 바로 이러한 내면의 자아를 받아들였다는 사실이다. 자신의 얼터 에고와 협력하는 모든 이가 작가가 되는 것은 아니다. 하지만 분명한 것은 이들은 타인보다 먼저 자신의 감정을 알아차린다는 것이다. 인도에서는 우울증을 퇴치하기 위해 자신이 가진 모든 부정적인 생각과 타인에게 고백할 수 없는 고통을 종이에 쓴 다음 한 번 읽어보고, 종이에 불을 붙여 재가 되는 것을 지켜보라고 한다. 특별히 고심하지 않고, 그저 손이 움직이는 대로 내버려 두면, 그것을 말로 옮길 때와는 달리 수치심의 제지를 받지 않는다.

TV 등 각종 언론 매체를 통해 유명해지려는 열망은 결국 아리스토텔레스가 말한 사회적으로 만족감을 얻고자 하는 인간의 욕망일 뿐이다. 그는 "인간은 정치적인 동물"이라고 했다. 여기서 정치란 현대적인 의미의 정치와는 함의하는 바가 다르다. 아리스토텔레스의 말은 타인에게 의존하는 것은 인간은 타고난 특성이므로, 인간은 공동체, 즉 폴리스polis에서 살 수 있는 존재라는 의미이다.

인간은 본능적으로 타인에게 인정받으려는 성향을 타고 났기 때문에, 집단 상상력immaginario collettivo에 어느 정도 매료될 수밖에 없다. 그것은 인간이 오직 자신의 이름으로 타인에게 인정받고 사랑받기 때문이다. 명성을 얻기 위한 절박한 시도 속에서 인간은 자신의 가장 중요한 부분, 즉 사랑받고자 하는 욕망을 타인에게 내어준다.

보통 사람들이 선망이나 질투의 대상인 유명인을 바라볼 때는 두 개의 모순적인 심리가 작용한다. 한편으로는 유명세에 따른 물질적·감정적 만족감과 경제적 성공을 부러워하고 자기도 그런 성공을 누릴 권리가 있다고 주장하는 성인으로서의 자아가 있고, (그보다 훨씬 깊고 은밀한 내면에, 그러므로 그보다 더 중요한) 다른 한편으로는 '내면의 아이'가 있다. 내면의 아이는 길을 가다 모르는 사람들이 알아보고 칭찬하는 것이 무슨 의미인지 안다. 그것은 곧 사랑받고 있다는 의미이다. 유년의 흔적을 품지 않고 살아가는 어른은 없다. 뿌리 없이 피어난 꽃은 존재하지 않기에, 모든 어른의 내면에는 아직도 어린아이가 살아 숨 쉬고 있다.

다시 말하면 우리는 우리 속에 있는 '내면의 아이'의 아버지나 어머니이고, 앞으로도 평생 그럴 것이다.

아르헨티나 시인 프란시스코 루이스 베르나르데스Francisco Luis Bernárdez는 "나무에서 피어난 것은 나무 아래 묻힌 것에서 나온다"라고 했다. 아름답게 꽃피운 나무를 볼 때마다 그 아름다운 광경을 즐길 수 있는 건, 모두 뿌리 덕이라는 사실을 기억해야 한다. 아이의 뿌리는 부모지만, 어른의 뿌리는

사랑을 파괴하는 사회는 민주주의도 파괴하는 법

'현재에도' 내면에 존재하는 과거 자신의 어린 모습이다.

유명세를 갈망하는 이들이 대부분 힘들고 고통스러운 유년 시절을 보냈거나 부모에게 인정받지 못한 것은 결코 우연이 아니다(아이를 돌보는 이들이 꼭 부모가 아닐 수도 있기에 심리학에서는 중립적으로 '보호자caregiver'라는 표현을 사용한다).

《데일리 메일》은 배우 샤를리즈 테론이 불과 열다섯 살의 나이에 어머니가 아버지를 살해하는 광경을 목격했다는 사실을 알렸다. 어머니의 행동은 정당방위였다. 알코올 중독자이자 가정 폭력범이었던 아버지는 상습적으로 아내와 딸을 때렸고, 그 비극적인 사건이 있었던 날 샤를리즈 테론을 향해 폭력을 행사하고 있었다.

톰 크루즈는 12살 때 아버지에게 버림받았다. 그의 어머니는 세 가지 일을 하면서 생계를 꾸려나갔지만, 그래도 충분치 않아 어린 톰은 어머니를 돕기 위해 신문 배달을 해야 했다.

리한나의 유년 시절 역시 마약중독자였던 아버지 때문에 평탄치 않았다. 그녀의 아버지는 술과 온갖 종류의 마약을 달고 살았다. 리한나는 어렸을 때부터 심한 편두통에 시달렸는데, 부끄러워서 자기 처지를 알리지 못했고, 혼자 고민하다 자신이 비정상이라고 생각하기에 이르렀다.

미국에서 가장 유명한 방송인 오프라 윈프리는 아홉 살 때 친척에게 성폭행을 당하고 그 후로도 상습적으로 학대당했다고 했다. 그녀는 자신은 지옥 같은 어린 시절의 생존자라고 고백했다.

이들의 경우, 유명세가 감당하기 힘든 부담감이기보다는 그들이 공동체 위로 올라가게 하는 힘이 되어주었다(이상적인 공동체이든 현실의 공동체이든 말이다).

2천 4백 년 전 사람인데도 플라톤은 이에 관해 놀라울 정도로 현대적인 관점을 가지고 있었다. 『향연』에서 플라톤은 다른 사람들의 행동에 놀라지 않으려면, 인간이란 유명해지려는 욕망과 불멸의 영광을 얻고자 하는 욕망으로 가득한 존재라는 사실을 인정해야 한다고 했다. 플라톤의 말에 따르면, 인간은 사회적으로 유명해지기 위해서라면 자기가 낳은 자식을 지킬 때보다도 더 맹렬하게 싸울 것이다.

확실한 것은 플라톤조차 유명세의 희생양이었다는 사실이다. 그렇지 않았다면 그의 글이 현세까지 내려오지 않았을 테니까. (구두로만 가르침을 전수했던) 스승 소크라테스와는 달리 플라톤은 올바른 독자가 읽어줄 거라는 확신을 가지고, 그의 사상을 글로 남겼다.

고대 로마의 역사가 푸블리우스 코르넬리우스 타키투스의 말처럼 "현자들조차 영광을 얻고자 하는 욕망에서는 가장 늦게 자유로워지는 법"이다.

악도 오락에 속하는 시대

우리는 슬픔에 맞서 싸워 승리하길 헛되이 바라며 눈물 방지 백신을 맞았지만, 그 결과 죄책감과 수치심에 대한 불감증으로 귀착되었다.

프란치스코 교황의 말씀처럼 백신 접종 덕에, 인류는 제3

차 세계대전을 부분적으로만 겪고 있다. 현대인은 자욱한 안개에 시야가 차단되어 한 치 앞의 이익밖에 보지 못한다. 우리의 시야는 손끝을 벗어나지 못한다. 하지만 아무리 팔을 쭉 펴봤자 얼마나 길겠는가. 우리는 팔을 뻗으면 대서양 너머까지 닿을 거라고 확신하지만, 그것은 착각일 뿐이다. 우리의 손은 우리 몸에 꼭 붙어 있고, 무엇보다 우리만 사용할 수 있다.

최근 들어 나쁜 소식을 흡사 롭 좀비*의 신작 영화처럼 전하는 것이 세계적인 추세가 되었다. 언론을 통해서 이러한 소식을 접하는 시청자들은 대부분 '내게 이런 일이 일어나지 않아서 다행이다'라고 생각한다. 공포 영화 엔딩 크레딧이 올라갈 때처럼 말이다. 현대인은 두려움마저 '오락'처럼 받아들이지만, 다른 한편으로는 자신의 집에서 안전하게 지내려는 욕구가 커지고 있다. 현대인에게 집은 힘의 원천이다. 그 안에 틀어박혀 외부 세계를 완전히 차단하려 한다.

우리는 성장 과정에서 악에 익숙해졌기 때문에, 이제는 아무도 왜 악행이 일어나는지 의문을 제기하지 않는다. 단순히 '이번엔 누가 그런 짓을 저질렀지? 이슬람교도였나? 어쨌든 외국인이 저지른 일이겠지?'라고 생각할 뿐이다. 악은 가장 순수한 상태의 오락이다. 악의 원인을 설명할 필요는 없다. 악은 지극히 정상적인 현상이니까. 이런 상황에 대해 수치심을 느끼는 이도 없다.

---

* 미국 가수이자 영화감독

종교적 확신이 개인의 정치·사회적 행동을 지배한다는 '개인적 인테그릴리즘*'은 현대인이 악을 오락으로 치부하도록 만들었다. 우리에게 직접적인 피해를 주지 않으면, 그것은 악이 아니라 오락일 뿐이다. 깜짝 놀라서 소파에서 펄쩍 뛰게 만드는 공포 영화의 한 장면에 지나지 않는다.

　　현대인은 모든 것에 대한 권리를 주장할 수 있는 권리를 요구한다. 단, 개인의 권리에 한해서만. 이탈리아 법학자 안나 핀토레Anna Pintore는 저서 『충족할 수 없는 권리Diritti insaziabili』에서 인간은 "의무를 가져야 할 의무"를 잊었다고 지적했다.

　　하지만 대중'들'(여기서 나는 의도적으로 복수형을 사용했다)은 언뜻 보기에는 말도 안 되는 의무를 지킬 때 얻는 이득이 있어야만 이를 지킨다. 그것은 공동체, 제도, 형제애라는 개념들이 배신과 고통만을 남겼기 때문이다(이는 '뿌리가 뽑힌' 집단의 이미지이다).

　　많은 이들은 고통 뒤에 좌절을 경험하고 공격적으로 변해 희생양을 찾는다. 그럴 때 '타인', '적'을 발견하면, 공격성은 분노에 가까운 감정이 된다. 반면에 '일시적인 죄인'이 되어 줄 대상을 찾지 못하면 우울증에 빠진다.

　　빈첸초 팔리아Vincenzo Paglia 대주교는 저서 『우리의 몰락Il crollo del noi』에서 현대인은 "인간 관계가 메말라 버린 사회"에서 살아가고 있다고 한다. 하지만 어쩌면 포스트모

---

* 개인의 종교적 확신이 그의 정치적·사회적 행동을 지배한다는 신조어

　　　　　　사랑을 파괴하는 사회는 민주주의도 파괴하는 법

던 시대의 인간이 '자아의 견고함egosolidità'을 유지하기 위한 유일한 방법은 그 '메마른' 상태를 유지하는 것뿐일지도 모른다.

제도는 견고한 것을 만들지 못한다. 하지만 사회가 유동적으로 변해 아무것도 예측할 수 없고, 그 무엇도 논리적인 방향으로 진행되지 않게 된다면, 적어도 모든 관계를 메마르게 만듦으로써 (물론 이러한 사실을 인지하는 개인에게는 최악이지만) 예측이 가능하고, 이성적인 제도를 구축할 수 있다. 한시적이나마 모든 것을 감시할 수 있고, 통제할 수 있는 물웅덩이 같은 서식지가 조성되는 것이다.

그러니 '메마른'이라는 표현은 현재의 액체성과 미래의 기체성 사이에 자리 잡을 수 있다. 그리고 타인의 불행을 일종의 오락거리 취급하는 것은 나와 타인의 관계를 메마르게 만드는 방법이다. 타인의 불행을 오락화함으로써 인간은 악이 실질적이고, 논리적이고, 구체적이라는 착각에 빠진다.

악은 착각에서 태어난다. 우리가 우리 자신에게 들려주는 이야기에서 태어난다. 그리고 이러한 착각에 만족함으로써 인간은 전쟁의 도화선에 불을 붙인다.

행복은 슬픈 개념

전쟁을 유발하는 것은 나르시시즘이고, 전쟁에 맞서는 것은 믿음이며, 전쟁을 막는 것은 이타주의이다. 우리는 나르시시즘에 빠진 국가들 사이에서 살고 있다. 이들 국가는 자국의 사상과 신념을 주장하고, 장벽과 철망으로 국경이 가로막혔던 시대에 향수를 느낀다(베를린 장벽이 무너진 후에 수많은 국가가 세계 곳곳에 새로운 장벽들을 쌓아 올렸다). 현대인은 외부의 악으로부터 자신을 보호하려 한다. 하지만 가장 거대한 악은 항상 외부가 아니라 내부에 있다. 내부 깊숙한 곳에서 뿌리를 꺾어 부자연스러운 방향으로 자라게 한다.

우리는 행복의 추구가 '익숙함의 추구'와 동의어가 아닌 시대를 살고 있다. 도구적 이성*을 이야기한 막스 베버Max Weber 시대의 젊은이들과는 달리, 대부분 현대 청년은 사랑하는 사람의 곁에 머무를 때조차 (혹은 가정을 이룰 때에도) 영원한 평온과 만족을 얻지 못한다.

  지난 수십 년 동안, 젊은이들은 자신의 뿌리를 아는 것을 행복의 필수 조건이라고 생각했다. 하지만 액체 세대가 추구하는 행복은 매우 다르다. 그들은 행복이 언젠가는 소진되는, 한시적이고 불안정한 것이라는 인식을 하고 있다. 이들의 행복은 기대감 속에 존재한다. 어느 날 갑자기 실현될지도 모르는 새로운 욕구가 생성될 때 행복을 느낀다. 그렇기에 액체 세대의 행복은 슬픔을 내포하는 개념이다.

  현대인의 행복은 마음을 자위하는 행위이다. 현대인은 기쁜 소식을 듣는 순간 심장이 사정하는 듯한 기분을 느끼는데, 이는 정신적이라기보다 강렬한 육체적 느낌에 가깝다. 과거와는 달리 행복은 과정에서 얻는 것이 아니라, 새로운 감

---

* 목적을 이루기 위해 효율적으로 판단하는 합리성

사랑을 파괴하는 사회는 민주주의도 파괴하는 법

정을 경험하는 순간에만 느낄 수 있는 찰나의 감정일 뿐이다. 이성이 마비되는 짧은 순간이 지나가면 '이런 기분을 다시 느끼려면 얼마나 기다려야 할까?'라는 질문만 남는다.

행복은 이 책 초반에서 언급했던 사랑과 이미지가 유사하다. 행복 역시 끊임없이 새롭게 시작하고 싶은 욕망을 자극하는 감정이다. 이렇게 시작된 행복은 결코 논리적인 결론으로 이어지지 않는다. 행복할 때 느껴지는 긴장감은 고갈되지 않는다. 긴장감이 고갈되는 경우는 그것이 그에 못지않은 강렬한 감정으로 대체될 때뿐이다. 이때 감정의 대상은 바뀌지만 '행복'이라는 표현은 변하지 않는다.

행복은 관념적인 개념에서 물질적 실체로 변하는 중이다. 많은 이들이 일시성을 한계나 결함이 아니라 자기 정체성을 나타내는 자부심의 근거로 생각한다.

소비의 속도를 제어할 수 없었던 사회 속에서 태어나고 성장한(즉 80년대 이후에 태어난), 사회에 뿌리를 내리지 못한 세대의 행복 역시 그러하다. 행복은 자신이 다른 사람들보다 큰 잠재력을 가졌다는 확신, 그보다 더 심각한 경우 먼 훗날 언젠가는 그러한 잠재력을 가지게 될 거라는 성숙지 못한 확신으로 변하고 있다.

행복이 일종의 긴장 상태라는 것은 그리 큰 문제는 아니다. 그것은 행복의 특성이니까. 조화 역시 결국에는 긴장 상태에서 이루어진다. 선물과 자유의 개념을 예로 들어보자. 두 개의 상반된 힘 사이에 균형을 찾으려면, 균형이란 정적이지 않고 동적이라는 사실을 이해해야 한다. 언제나 움직이는,

'운동하는 조화'라는 사실을 이해해야 한다.

　미국 심리학자 토니 안토누치Toni Antonucci와 제임스 잭슨James Jackson의 '도움 은행support bank'이론에 따르면 상대방에게 도움을 주면 언젠가 자신이 도움이 필요할 때 그 사람의 도움을 받을 수 있으리라 기대하는 것이 인간의 본성이라고 했다. 안토누치와 잭슨은 이러한 본능은 인간 유전자에 새겨져 있는 것이라고 했다.

　대가성 없는 선물은 선물을 준 사람을 자유롭게 한다. 반면에 무엇인가를 바라거나 목적이 있어서 선물을 주면, 거기에 얽매여 결국에는 자유를 잃게 된다.

　평화는 정적이고 안정적이고 편안하고 '애쓰지 않아도' 유지될 수 있다는, 다시 말하자면 '불변'이라는 일반적인 신념에서 벗어날 필요가 있다. 그와는 정반대로 평화는 불안정하고 끊임없이 변화하며, 위태롭다. 민주주의나 사랑처럼.

　인간의 진정한 도전과제는 기쁨을 찾는 것이다. 기쁨이야말로 가능성으로만 머무르는 행복과는 다른, 인간을 평화, 평온과 연결해주는 깊은 내면의 감정이다. 자신의 삶을 두루 살펴봤을 때 행복한 삶을 살았냐는 질문에 독일의 위대한 시인 괴테는 이렇게 답했다. "물론 저는 매우 행복한 삶을 살았지만 정작 단 일주일도 행복하게 보낸 기억이 없습니다."

　괴테의 말에서도 우리는 행복의 양극성을 볼 수 있다. 불행은 행복의 필수요건이다. 행복하기 위해서는 불행을 경험해야 한다. 행복은 인간을 혈혈단신 고독의 심연에서 해방하는 시선이지만, 그러기 위해서는 심연과 심장에 깊이 박힌 진

　　　　사랑을 파괴하는 사회는 민주주의도 파괴하는 법

실의 뿌리를 경험해야 한다.

사회 양극화에 관해 이야기하자면, 과거와는 달리 오늘날 젊은이들은 온라인 상태와 오프라인 상태로 양극화되었다.

광장으로 나가고, 쇼핑몰을 거닐고, 장을 보는 것은 무엇을 의미하는가. 그것은 곧 오프라인 상태를 의미한다.

마르크 오제Marc Augé*가 말한 비장소를 거닐며 감정을 잠시 꺼 놓고, 사람들 사이에 섞여 있을 때 일어날 수 있는 일이면 뭐든지 볼 각오를 한다는 것을 의미한다. 그 순간만큼은 자유를 위해 자신만의 은밀한 안전구역을 일부 포기하는 것을 의미한다. 오프라인 상태에 있다는 것은 무엇보다 우리가 만나는 사람을 선택하지 못하는 것을 의미한다. 그 결과 우리가 원치 않는 가난한 자, 부랑자, 외국인, 범죄자들과 마주해야 한다는 사실을 의미한다.

반면에 온라인 상태는 곧 인간관계를 맺기 위해 고립되는 것을 뜻한다. 인터넷 세계에서는 사람들 사이에 쉽게 벽을 쌓을 수 있어서, 마음에 안 드는 사람은 '퇴출'하면 그만이다. 그런 사람은 신고하거나, 바로 사적인 인터넷 공간에서 쫓아낼 수 있다. 이 모든 일은 전체주의 체제에서처럼 철저한 익명성 하에 이루어진다. '온라인'에는 외국인도, 빈곤층도, 범죄자

---

* 프랑스의 인류학자. 특정한 공간을 이용하는 사람들 사이에 생겨나는 관계의 부재, 역사성의 부재, 고유한 정체성의 부재 등의 특성을 지니는 장소를 인간적인 장소가 될 수 없는 공간으로 규정하고 '비장소'로 부르자고 제안했다.

도 없다(적어도 오프라인 상태일 때처럼 이들이 우리 눈에 띄지 않으니 마음만 먹으면 이들에게서 시선을 돌릴 수 있다).

요약하자면 오프라인 세계에서는 외부를 향해 어느 정도 문을 열어 놓아야만 한다. 하지만 이것을 연민과 혼동하면 안 된다. 오히려 오프라인에서 현대인의 감정은 마비 상태에 가까운데, 그 이유는 현실과 정 반대편에 있는 세계, 즉 온라인이라는 새로운 공간에서 감정을 해소할 수 있게 되었기 때문이다. 몇 년 전만 해도 온라인의 의미가 지금과는 정반대였다는 사실만 봐도 최근 사회 패러다임에 얼마나 큰 변화가 있었는지 알 수 있다. 실제로 얼마 전까지 우리는 외출을 하거나 쇼핑을 할 때 사람들을 만나곤 했다. 하지만 지금은 그런 인간관계가 모두 인터넷에서 이루어지며 일상의 모든 것이 뒤바뀌고 있다.

온라인 세계에서 인간은 단절, 전체주의 그리고 전체주의의 효율성에 대한 환상을 경험한다(전체주의 체제를 경험하지 못한 어린 세대는 이러한 규범들에서 오히려 영감을 받을 수 있다는 착각에 빠질 수 있다).

현대인 특히 젊은이들이 온라인과 오프라인이라는 선택의 기로에서 온라인을 선택하는 이유는, 그것이 즉각적인 쾌락을 해소할 수 있는 지름길이라고 생각하기 때문이다. 뿌리 없는 소비 사회에서 생각할 시간은 없다. 바로 '행동'에 나서야 한다. 온라인에서 갓 태어난 새로운 삶의 방식은 새로운 불행의 양식으로 전락할 위험이 있다.

포스트 리버티postlibertà 시대에 오신 것을 환영하며

현대사회에서 젊은이와 노인은 갈수록 '부동성immobilità'이라는 공동의 운명 속에 하나가 되고 있다. 즉 누군가 이들 대신 결정을 내리고 있는 것이다. 훌륭한 시민으로 인정받기 위해 이들은 문제가 해결될 때까지 움직이지 않고 기다려야 한다.

그러므로 젊은이와 노인은 영원한 기다림 속에 머물러야 한다. 모두가 이러한 기다림을 인식하는 것은 아니지만, 기다림은 이들에게 좌절감을 안기고, 이들을 무력하게 만든다.

1920년생 저널리스트인 엔초 비아지Enzo Biagi는 그의 동년배들을 이렇게 표현했다. "혹자는 제가 태어난 세대를 두고 죽느라고 정신이 없었던 세대라고 합니다. 실제로 죽은 사람이 많기도 하지만 프랑스 작가 조르주 베르나노스Georges Bernanos의 말처럼 그보다 더 슬픈 사실은 '우리 안에 살던 소년의 죽음'일 것입니다. 우리 세대에 속한 동년배들이 전쟁으로 인해 빼앗기고, 다시는 돌려받지 못한 것은 바로 20대의 꿈과 환상과 실수입니다. 이야말로 청춘을 한 번도 누리지 못한 세대가 치러야 했던 가장 큰 대가일 것입니다."

여기서 엔초 비아지가 던지는 메시지는 젊은이들을 전체주의의 유혹으로부터 보호해주는 백신과도 같다. 전체주의는 자기파괴적 유혹이다. 모든 인간의 본능 속에 잠재한 참을 수 없는 프로이드적인 죽음 충동, 즉 누군가를 죽이고 싶은 욕망을 충족하기 위해 자살까지 불사하는 죽음의 충동이다.

프란치스코 교황이 종종 현대사회에서 폐기된 청년층과 노년층이 만나면 세상을 구원할 수 있다고 말씀하시는 것도 우연이 아니다. 교황은 노인에게는 살면서 체득한 경험이 있고, 젊은이에게는 세상을 변화시킬 용기가 있어서, 이들이 힘을 합치면 역사를 다시 쓰고 혁명을 일으킬 수 있다고 하셨다.

부동의 상태로 남아있는 자들의 특징은 도망칠 수도 없고, 자유를 느낄 수도 없다는 것이다. 하지만 현대사회는 수시로 인간의 자유 욕망을 자극하고, 이러한 자극 앞에 나태함의 욕구는 압도당한다.

현대사회의 '변모' 과정에서 우리는 자유 개념의 진화를 목격한다. 자유는 소비 사회 시민이 꿈꾸는 물리적 조건을 뛰어넘어 정신적 조건이 되었다. 현대사회의 자유는 변화, 융통성, 인간관계, 습관을 아우른다.

이것은 포스트 리버티 시대에 걸맞은 자유로, 대표적인 예로는 청년 세대가 추구하는 야망의 변화가 있다. 현대사회에서 청년의 야망은 종종 새로운 장소를 선택할 수 있는 자유로 표현된다. 새로운 여행지, 새로운 삶의 터전, 모든 것을 다시 시작하고, 새롭게 세울 수 있는 그런 장소 말이다.

언젠가 우연히 10대 중반 청소년들의 이야기를 듣게 됐는데, 한 소년이 일행 모두가 아는 어떤 사람에 대해서 이런 말을 했다. "녀석은 정말 멋지게 살고 있어. 일주일 간격으로 미국과 카리브 제도를 오간다니까? 게다가 돈까지 받으면서 말이야. 떠나라는 연락을 받으면 그 즉시 런던이나 바르셀로나로 떠날 수 있어."

많은 젊은이에게 자유란 물리적으로 공간에 구속되지 않는 것이다. 하지만 그 어떤 공간을 선택하든 일시적일 뿐, 시

사랑을 파괴하는 사회는 민주주의도 파괴하는 법

간이 지나 새롭게 시작하고 싶은 욕망이 생기면 그 즉시 기존의 생활을 정리하고 나와야 한다.

우연의 일치일 수도 있지만, 이 모든 것은 웹과 유사하다. 웹 역시 접근이 쉽고, 무엇보다 누구나 원하는 시점에 혼자 빠져나올 수 있다. 말 그대로 '전원을 뽑으면' 되니까. 마음에 안 들면 접속을 끊으면 그만이다. 그러므로 우리는 포스트 리버티를 장기적으로 자신의 환경을 조성할 새로운 영토를 선택할 자유가 아니라 일시적인 선택의 자유, 책임과 의무에서 빠져나올 수 있는 자유라 정의 내릴 수 있다.

물론 물리적 공간은 청년에게도 중요하다. 하지만 시간이 갈수록 집과 고향은 장기적으로 생활의 기반을 쌓아야 할 현실적인 공간이라기보다는 향수 어린 이미지로만 남을 것이다.

'부동층'에 속하는 이들은 '자유'의 기존 개념에서 벗어나지 못한 이들로, 포스트 리버티 시대 대중에게 순응하지 못하는 자들이다. 이들은 유동적이고 모든 면에 있어서 뿌리가 근절되어 끊임없이 움직이는 현대사회에서 자신들의 '부동 상태'를 명확하게 인지하고 있다. 유동적인 사회의 역동성에 적응하지 못하는 자는 결국 버림받을 것이다. '부동성'은 무엇이든 쉽게 버리는 현대사회의 폐기 문화의 가장 뚜렷한 증거이다. 우리 주변에는 이웃과 대화를 나눈 뒤 집으로 돌아가 경보기를 추가로 설치하고, 정원 울타리를 높이는 사람들로 가득하다. 무관심은 이렇게 전 세계로 퍼져 나간다.

그람시는 이렇게 썼다. "무관심은 역사 안에서 늘 강력하게 작용한다. 무관심은 수동적일 망정, 늘 작용한다. […] 이런 이유로 나는 무관심한 사람들도 증오한다. 죄 없는 자의 가면을 쓰고 징징거리는 이들의 울음소리가 거슬리기 때문이다."

사랑을 파괴하는 사회는 민주주의도 파괴하는 법

이 책에 대한 명사들의 코멘트

"현대 문명의 타락을 바라보는 명료하고 매력적인 시선."

–프레데릭 르누아르Frédéric Lenoir, 『행복: 철학적인 여행La felicità. Un viaggio filosofico』저자

"미셸 드 몽테뉴의 전통을 이어받은 토마스 레온치니의 신작은 세련되고 자신감이 넘친다. 레온치니의 사유는 서글프지 않으면서 분별력 있고, 인위적이지 않으면서도 희망적이다."

–이반 크라스테프Ivan Krastev, 소피아 자유전략센터장

"사랑, 신뢰, 변화, 상실과 같은 일상의 딜레마들을 다정한 신학자의 태도로 다룬 세련되고 수준 높은 작품."

–아르준 아파두라이Arjun Appadurai, 뉴욕대학교 교수

"레온치니의 신작은 사랑이 거의 없거나 아예 존재하지 않는 사회에는 혁신의 가능성이 희박하다는 사실을 명확하게 보여준다."

–에드먼드 펠프스Edmund Phelps, 컬럼비아대학교 교수·2006년 노벨경제학상 수상자

"사랑을 자신과 타인과 우리를 둘러싼 세계를 바라보는 본질적 패러다임으로 만들어야 한다는 절박한 호소문이자 선언문이다. 연대, 연민, 관심의 언어로 정치의 의미를 확장한 서정적이고 시적인 작품!"

–헨리 지루Henry Giroux, 맥마스터대학교 교수

"토마스 레온치니는 철학, 심리학, 사회학 이론을 빌려 자신이 속한 세대를 비롯해 사랑과 질투, 고립과 공동체 사이에 난 좁고 위험한 항로를 항해하는 모든 이들에게 분명하고 강렬한 메시지를 던졌다."

–존 A. 바그John A. Bargh, 예일대학교 교수

"토마스 레온치니는 젊은이들의 마음을 어루만지는 방법을 안다. 그는 청년들에게 그들의 영혼의 현명함에 믿음을 가지고, 삶과 노력을 통해 인간적이고 희망으로 가득 찬 사회를 만들라 권한다."

–안셀름 그륀Anselm Grün, 베네딕트 수도사

"플라톤도, 피치노*도 영원불변한 사랑의 특징을 찾으려 했다. 하지만 끊임없이 변동하는 액체 디지털 시대에서 영원이라는 개념이 사라져 버리면 어떻게 될까? 토마스 레온치니의 신작은 짧은 가상의 관계로 이루어진 액체 세대의 사랑을 살펴보고, 놀랍게도 사랑이 아직도 생명처럼 강하다는 사실을 보여준다."

–에스펜 스톡네스Espen Stoknes, 오슬로 지속가능에너지 센터장

"이 책은 문학, 역사, 철학을 통해 이익과 기술의 논리가 지배하는 현대사회에서 이른바 진보의 행렬에서 뒤처진 이들에게 감성과 위안의 메시지를 전하는 토마스 레온치니의 역작이다."

–마우로 F. 기엔Mauro F. Guillén, 펜실베이니아대학교 교수

"토마스 레온치니는 뭐든지 쉽게 쓰고 버리고, 인간의 뇌가 따라잡기 힘들 정도로 현기증 나는 속도로 변하는 현대 액체

---

* 이탈리아의 신 플라톤 학파 인문주의자

사회의 삶과 사랑이라는 매력적인 주제를 탐구한다."

–대니얼 G. 에이멘Daniel G.Amen, 『정신병의 종말The End of Mental Illness』 저자

"토마스 레온치니는 기술과 소셜네트워크에 의해 구성된 현대사회에서 사랑, 미, 정체성과 같은 거대한 주제들을 다루고 있다. 사적이고, 과학적이고 때로는 시적으로까지 느껴지는 현대인의 내면으로 향하는 여행기."

–하이노 팔케Heino Falcke, 네이메헌 라드바우드대학교

"인터넷이 공동체 정신과 가장 내밀한 인간관계를 향해 내민 도전을 분석하는 시기적절한 책. SNS 팔로워 수에 따라 자존감이 달라지는 현대인은 '좋아요' 수가 올라갈 때만 사랑받는다고 느낀다. 사랑과 공존의 개념마저도 변할 수 있는데, 항상 좋은 방향으로 변화할 것이라고 보장할 수는 없다."

–루스 벤 기아트Ruth Ben-Ghiat, 뉴욕대학교 교수

이 책에 대한 명사들의 코멘트

참고 문헌 및 추천 도서

Aghaei, S. et al., Evolution of the World Wide Web: from Web 1.0 to Web 4.0, «International Journal of Web and Semantic Technology», 3 (1), 2012, pp. 1-10.

Ainsworth, M., Modelli di attaccamento e sviluppo della personalità. Scritti scelti, Raffaello Cortina, Milano 2006.

Ammaniti, M., Gallese, V., La nascita dell'intersoggettività, Raffaello Cortina, Milano 2014.

Ammaniti, M., Manuale di psicopatologia dell'infanzia, Raffaello Cortina, Milano 2001.

Ammaniti, M., Manuale di psicopatologia dell'adolescenza, Raffaello Cortina, Milano 2002.

Attali, J., Breve storia del futuro, Fazi, Roma 2007.

Baudrillard, J., Cyberfilosofia. Fantascienza, antropologie e nuove tecnologie, Mimesis, Milano 2010.

Bauman, Z., Intervista sull'identità, Laterza, Roma-Bari 2003.

Bauman, Z., La solitudine del cittadino globale, Feltrinelli, Milano 2000.

Bauman, Z., La vita tra reale e virtuale, Egea, Milano 2014.

Bauman, Z., Le sorgenti del male, Erickson, Trento 2013.

Bauman, Z., Paura liquida, Laterza, Roma-Bari 2008.

Bauman, Z., Retrotopia, Laterza, Roma-Bari 2017.

Bauman, Z., Voglia di comunità, Laterza, Roma-Bari 2003.

Bear, M.F. - Connors, B.W., Neuroscienze: esplorando il cervello, Edra Masson, Milano 2002.

Beck, U., La metamorfosi del mondo, Laterza, Roma-Bari 2017.

Biagi, E., Quello che non si doveva dire, Rizzoli, Milano 2006.

Bourdieu, P., Contre-feux, Liber-Raisons d'agir, Paris 1998.

Bringsjord, S. et al., Real Robots that Pass Tests of Self-Consciousness, «Proccedings of the 24th IEEE International Symposium on Robot and Human Interactive Communication» (ROMAN 2015), New York, pp. 498-504.

Bringsjord, S. et al., Toward Axiomatizing Consciousness, in D. Jacquette (a cura di), The Bloomsbury Companion to the Philosophy of Consciousness, Bloomsbury Academic, Londra 2018, pp. 289-324.

Bringsjord, S. - Govindarajulu, N.S., (2018). Artificial Intelligence, in Edward N. Zalta (a cura di),

The Stanford Encyclopedia of
Philosophy.289-324.

Bringsjord, S. - Govindarajulu, N.S.,
(2018). Artificial Intelligence,
in Edward N. Zalta (a cura di),
The Stanford Encyclopedia of
Philosophy.

Carlson, E.A., A Prospective
Longitudinal Study of
Attachment Disorganization/
Disorientation, «Child
Development», 69 (4), 1998, pp.
1107-28.

Castells, M., Communication Power,
Oxford University Press, Londra
2009.

Chaudhuri, Amit, Freedom Song,
Penguin, New York 2011.

Chella, A. - Manzotti, R., Machine
Consciousness: A Manifesto for
Robotics, «International Journal
of Machine Consciousness», 1 (1),
2009, pp. 33-51.

Cherubini, P., Psicologia generale,
Raffaello Cortina, Milano 2012.

Cingolani, R., L'altra specie. Otto
domande su noi e loro, Il
Mulino, Bologna 2019.

Codeluppi, V., L'era dello schermo.
Convivere con l'invadenza
mediatica, Franco Angeli, Milano
2013.

Coleman, J., Introduction: Digital
Technologies in the Lives of
Young People, «Oxford Review of
Education», 38 (1), 2012, pp. 1-8.

Collerton, D., Psychotherapy and
Brain Plasticity, «Frontiers in
Psychology», 4, 548, 2013.

De Biase, L., Homo pluralis. Essere
umani nell'era della tecnologia,
Codice, Torino 2015.

Dehaene, S., Lau, H. e Kouider,
S., What is Consciousness,
and Could Machines Have It?,
«Science», 358, 2017, pp. 486-
92.

De Kerckhove, D., Psicotecnologie
connettive, Egea, Milano 2014.

Erikson, E.H., Gioventù e crisi
d'identità, Armando, Roma 1974.

Ferri, P., I nuovi bambini, BUR
Rizzoli, Milano 2014.

Fithen, W.L. et al., Deploying
Firewalls, Software Engineering
Institute, Carnegie Mellon
University 1999.

Galimberti, C., Segui il coniglio
bianco. La costruzione della
soggettività nelle interazioni
mediate, in E. Marta - C. Regalia
(a cura di), Identità in relazione.
Le sfide odierne dell'essere
adulto, McGraw-Hill, Roma 2011.

Gamaleri, G. - Gamaleri E.G., Media:
a ciascuno il suo, Armando,

Roma, 2014.

Gardner, H. - Davis, K. Generazione app. La testa dei giovani e il nuovo mondo digitale, Feltrinelli, Milano 2014.

Geist, E.A., A Qualitative Examination of Two Year-Olds Interaction with Tablet Based interactive Technology, «Journal of Instructional Psychology», 39 (1), 2012, pp. 26-35.

Gilbert, C. - Yelland, N.J., iPlay, iLearn, iGrow. Project Report, Victoria University, Melbourne 2014.

Gramsci, A., La città futura: 1917-1918, Einaudi, Torino 1982.

Guardini, R., Ritratto della malinconia, Morcelliana, Brescia 1993.

Hentschel, U. et al. (a cura di), Defense Mechanisms. Theoretical, Research and Clinical Perspectives, Elsevier, Amsterdam 2004.

Howe, M.L., Cicchetti, D. e Toth, S.L., Children's Basic Memory Processes, Stress, and Maltreatment, «Development and Psychopathology», 18 (3), 2006, pp. 759-69.

Jenkins, H., Convergence Culture: Where Old and New Media Collide, New York University Press, New York 2008.

Jenkins, H., Culture partecipative e competenze digitali, Guerini, Milano 2019.

Kittilson, M. - Dalton R.J., The Experienced «Sense» of a Virtual Community: Characteristics and Processes, «The Data Base for Advances in Information Systems», 35 (1), 2004, pp, 64-79.

Kleinpeter, E., L'humain augmenté, CNRS Éditions, Parigi 2019.

Lacan, J., Il seminario. Libro III: Le psicosi (1955-1956), Einaudi, Torino 1985.

Laclau, E., La ragione populista, Laterza, Roma-Bari 2008.

Lancelin, A. - Lemonnier, M., I filosofi e l'amore, Raffaello Cortina, Milano 2008.

Latronico, V., La mentalità dell'alveare, Bompiani, Milano 2013.

Leary, M.R. - Tangney, J.P., Handbook of Self and Identity, The Guilford Press, Londra 2011.

Lévy, P., L'intelligenza collettiva, Feltrinelli, Milano 2002.

Marzi, A. (a cura di), Psicoanalisi, identità e internet, Franco Angeli, Milano 2013.

Maser, A. - Cloninger, C., Comorbidity of Mood and Anxiety Disorders, American Psychiatric Press, Washington 1990.

Ortigue, S. et al., Neuroimaging of Love: fMRI Meta-Analysis Evidence toward New Perspectives in Sexual Medicine, «The Journal of Sexual Medicine», 7 (11), 2010, pp. 3541-52.

Owens T.J., Robinson D.T. e Smith-Lovin, L. (2010), Three Faces of Identity, «Annual Review of Sociology», 36, 2010, pp. 477-99.

Pavese, C., Il mestiere di vivere. Diario (1935-1950), Einaudi, Torino 1952.

Peccarisi, L., Il cervello immaginante. La mente a due dimensioni, Imprimatur, Reggio Emilia 2017.

Platone, La Repubblica, Laterza, Roma-Bari 1997.

Riva, G., Psicologia dei nuovi media, Il Mulino, Bologna 2012.

Riva, G. et al., Positive Technology: Using Interactive Technologies to Promote Positive Functioning, «Cyberpsychology, Behavior, and Social Networking», 15 (2), 2011, pp. 69-77.

Rosenberg, M., Society and the Adolescent Self-Image, Princeton University Press, Princeton 1965.

Santini, R.M., Software Power as Soft Power. A Literature Review on Computational Propaganda Effects in Public Opinion and Political Process, «Partecipazione e Conflitto», 11 (2), 2018, pp. 332-60.

Savage, M., This Might Be the Loneliest Country for Expats, «Bbc Worklife», 6 ottobre 2016.

Schopenhauer, A., L'arte del trattare le donne, Adelphi, Milano 2000.

Schellenbaum, P., La ferita dei non amati, Red, Como 2015.

Smelser, N., Manuale di sociologia, Il Mulino, Bologna 2011.

Swinder, A., Talk of Love: How Culture Matters, University of Chicago Press, Chicago-Londra 2001.

Tapscott, D. - Williams, A.D., Wikinomics 2.0, BUR Rizzoli, Milano 2010.

Taylor, M. - Saarinen, E., Imagologies. Media philosophy, Routledge, Londra-New York 1994.

Terzani, T. - Zanot, M., Anam il Senzanome (con Dvd), Longanesi, Milano 2005.

Turkle, S., The Second Self, Simon and Schuster, New York 1984.

참고 문헌 및 추천 도서

Valkenburg, P. - Jochen, P., Online Communication Among Adolescents: An Integrated Model of Its Attraction, Opportunities, and Risks, «The Journal of Adolescent Health», 48 (2), 2011, pp. 121-7.

Valkenburg, P., Schouten, A. e Jochen, P., Adolescents' Identity Experiments on the Internet, «New Media & Society», 7 (3), 2005, pp. 383-402.

Valkenburg P. - Jochen, P., Adolescents' Identity Experiments on the Internet: Consequences for Social Competence and Self-Concept Unity, «Communication Research», 35 (2), 2008, pp. 208-31.

Walther, J.B, Computer-Mediated Communication: Impersonal, Interpersonal, and Hyperpersonal Interaction, «Communication Research», 23 (3), 1996, pp. 1-43.

Walther, J.B., Selective Self-Presentation in Computer-Mediated Communication: Hyperpersonal Dimensions of Technology, Language, and Cognition, «Computers in Human Behavior», 23 (5), 2007, pp. 2538-2557.

Waytz, A., Psychology beyond the Brain, «Scientific American», 5 ottobre 2010.

Weinschenk, S.M., Neuro web design. L'inconscio ci guida nel web, Apogeo, Milano 2010.

Wong, B., All Couples Fight. Here's How Successful Couples Do It Differently, «Huffington Post», 20 gennaio 2016.

Zazzo, R., Riflessi. Esperienze con i bambini allo specchio, Bollati Boringheri, Torino 1997.

Ziccardi, G., Il libro digitale dei morti, Utet, Milano 2017.

롤랑 바르트, 사랑의 단상, 동문선, 2004.
마샬 맥루한, 미디어의 이해, 커뮤니케이션북스, 1997.
만프레드 슈피처, 디지털 치매, 북로드, 2013.
미셸 몽테뉴, 수상록, 이소노미아, 2021.
밀란 쿤데라, 참을 수 없는 존재의 가벼움, 민음사, 2018.
블레즈 파스칼, 팡세, 민음사, 2003.
셰리 터클, 대화를 잃어버린 사람들, 민음사, 2018.
셰리 터클, 스크린 위의 삶, 민음사, 2003.
셰리 터클, 외로워지는 사람들, 청림출판, 2012.

스티븐 포지스, 다미주 이론.
트라우마를 치유하는 애착과
소통의 신경생물학, 위즈덤
하우스, 2020.
아닐 아난타스와미, 나는 죽었다고
말하는 남자, 더퀘스트, 2017.
안나 프로이트, 자아와 방어 기제,
열린책들, 2019.
안토니오 그람시, 나는 무관심을
증오한다, 바다출판사, 2015.
에드가 모랭, 미래의 교육에 반드시
필요한 7가지 원칙, 당대, 2006
에리히 프롬, 사랑의 기술,
문예출판사, 2019.
에리히 프롬, 소유냐 존재냐, 까치,
2020.
요한 볼프강 폰 괴테, 친화력,
동서문화사 2014.
장 자크 루소, 인간 불평등 기원론,
문예출판사, 2018.
조지 미드, 정신, 자아, 사회, 한길사,
2010.
존 보울비, 애착, 나남, 2009.
지그문트 바우만, 리퀴드 러브,
새물결, 2013
지그문트 바우만, 쓰레기가 되는
삶들, 새물결, 2008.
지그문트 바우만, 액체근대, 강,
2009.
지그문트 바우만, 토마스 레온치니,
액체 세대, 이유출판, 2020.
지그문트 바우만, 현대성과
홀로코스트, 새물결, 2013.

토마스 프리드먼, 늦어서 고마워,
21세기북스 2017.
토마스 홉스, 리바이어던,
동서문화사, 2021.
프란치스코 교황, 토마스 레온치니,
갓 이즈 영, 가톨릭출판사, 2018.
프리드리히 니체, 인간적인 너무나
인간적인, 동서문화사, 2016.
프리드리히 니체, 즐거운 학문,
책세상, 2005.
프리드리히 니체, 차라투스트라는
이렇게 말했다, 휴머니스트,
2020.
한병철, 투명사회, 문학과지성사,
2014.
한스 로슬링, 팩트풀니스, 김영사
2019.
할레드 호세이니, 그리고 산이
울렸다, 현대문학, 2013.

참고 문헌 및 추천 도서

생명처럼 강하고, 사랑처럼 유동적인

액체 세대의 삶

토마스 레온치니 지음
김지우 옮김

초판 1쇄 발행 2023년 2월 28일
　　2쇄 발행 2023년 12월 15일

펴낸이 이민·유정미
편집 이수빈
디자인 사이에서

펴낸곳 이유출판
34860 대전시 동구 대전천동로 514
전화 070-4200-1118
팩스 070-4170-4107
전자우편 iu14@iubooks.com
홈페이지 www.iubooks.com
페이스북 @iubooks11
인스타그램 @iubooks11

정가 18,000원
ISBN 979-11-89534-37-0 (03300)